▶ 前沿技术领域专利竞争态势分析丛书

U0500304

显示领域扩散板
专利技术竞争态势分析

北京理工大学技术转移中心
中国专利技术开发有限责任公司　组织编写

陈柏强◎主编

冀小强　柳艳云◎副主编

知识产权出版社
全国百佳图书出版单位
—北京—

图书在版编目（CIP）数据

显示领域扩散板专利技术竞争态势分析/陈柏强主编. —北京：知识产权出版社，2024.7

ISBN 978 - 7 - 5130 - 9375 - 0

Ⅰ. ①显… Ⅱ. ①陈… Ⅲ. ①液晶显示屏—专利技术—专利权法—研究—中国

Ⅳ. ①D923.424

中国国家版本馆 CIP 数据核字（2024）第 106265 号

内容提要

本书对显示领域的扩散板技术及钙钛矿量子点技术的全球专利竞争态势、中国专利竞争态势、关键技术发展路线及专利布局热点、重要创新主体的专利布局进行了多层次、多维度深入分析，从专利视角为显示领域扩散板产业用户提供技术研究和专利布局建议，为相关管理部门制定产业发展政策提供专利数据支撑。

责任编辑：张利萍　程足芬　　　　责任校对：潘凤越

封面设计：杨杨工作室·张冀　　　责任印制：刘译文

显示领域扩散板专利技术竞争态势分析

陈柏强　主编

出版发行：知识产权出版社 有限责任公司		网　　址：http://www.ipph.cn	
社　　址：北京市海淀区气象路 50 号院		邮　　编：100081	
责编电话：010 - 82000860 转 8387		责编邮箱：65109211@qq.com	
发行电话：010 - 82000860 转 8101/8102		发行传真：010 - 82000893/82005070/82000270	
印　　刷：天津嘉恒印务有限公司		经　　销：新华书店、各大网上书店及相关专业书店	
开　　本：720mm×1000mm　1/16		印　　张：11.25	
版　　次：2024 年 7 月第 1 版		印　　次：2024 年 7 月第 1 次印刷	
字　　数：200 千字		定　　价：66.00 元	

ISBN 978 -7 -5130 -9375 -0

编 委 会

序　言

当前，世界百年未有之大变局加速演进，新一轮科技革命和产业变革深入发展，各国围绕科技制高点的竞争空前激烈，科技创新能力越来越成为综合国力竞争的决定性因素。创新是引领发展的第一动力，保护知识产权就是保护创新。党的十八大以来，以习近平同志为核心的党中央把科技创新摆在国家发展全局的核心位置，深入实施创新驱动发展战略和知识产权强国战略，取得一系列历史性成就。

2023 年 10 月，习近平总书记在黑龙江省考察时强调，"要整合科技创新资源，引领发展战略性新兴产业和未来产业，加快形成新质生产力"。2024 年政府工作将"大力推进现代化产业体系建设，加快发展新质生产力"列为年度十大工作任务之首。知识产权一头连着创新，一头连着市场，既是创新成果的保护网，也是新质生产力的催化剂，在高水平科技自立自强和经济社会高质量发展中具有重要地位。

北京理工大学作为中国共产党创办的第一所理工科大学，始终在打造国家战略科技力量中展现担当作为，为科技创新、国家发展和社会文明进步做出了重要贡献。学校高度重视科技成果转化，坚持体制机制创新，打造了特色鲜明的科技成果转化"北理工模式"，其中 6 个典型案例亮相国家"十三五"科技创新成就展。在实际工作中，我们深刻体会到，高水平科技创新和科技成果转化一刻也离不开知识产权工作的重要支撑作用。

开展专利信息分析工作是进行重大经济科技活动决策的重要环节，是发挥专利数据资源对推动科技进步和产业发展支撑作用的有效途径，有助于促进创新资源的优化配置，有助于增强关键领域自主知识产权创造和储备，保障产业链、供应链稳定安全。为此，北京理工大学技术转移中心携手中国专利技术开发有限责任公司，遴选近年来培育的部分科技成果产业化典型案例，开展专利分析和导航工作，编写了"前沿技术领域专利竞争态势分析丛书"。丛书通过对前沿技术领域的专利信息进行检索和分析，深入剖析相应领域的专利申请趋势、地域分布、专利技术构成、主要专利申请人、专利技术聚类主题等，揭示该领域的最新发展态势，从而帮助创新主体把握技术发展路线，调整市场布局、产品等经营策略，实现围绕关键核心技术攻关的有效专利布局，并有效规避专利侵权风险。

希望通过丛书的出版，能为推动科技创新和产业创新深度融合、培育发展新质生产力、引领战略性新兴产业和未来产业发展提供有益借鉴。囿于作者水平所限，丛书纰漏和考虑不周之处在所难免，恳请广大读者批评指正。

编著者

2024 年 7 月于北京

前　言

显示屏是信息交互的重要媒介，其中液晶显示器（Liquid Crystal Display，LCD）性能稳定、寿命长且成本低，已被广泛应用于智能家居、医疗器械以及工业设备等领域。扩散板作为液晶显示器背光模组中不可或缺的重要部件，可起到雾化光线、提升出光均匀性的作用。随着半导体技术的进步，新兴量子点材料因具有宽吸收光谱、窄发射半峰宽、颜色可调及可溶液加工等优点，逐渐进入了大众视野。显色性能优异的量子点正逐步取代背光模组中的荧光粉，成为 LCD 提升画质的新助力。随着量子点扩散板技术的日渐成熟，面对来自寻求更低价格的中低端市场和呼唤更极致性能的高端市场的双向冲击，迫切需要从战略高度推动显示用扩散板产业向新质生产力发展。

为更好把握我国显示领域扩散板产业的专利技术竞争态势、明确扩散板技术发展方向，本书采用宏观定量分析以及对关键技术、重要创新主体进行定性分析相结合的研究方式，对显示领域扩散板技术的专利布局进行点 - 线 - 面多维度全景分析，以期为产业用户提供技术发展定位，为相关管理部门制定产业发展决策提供数据支撑。

全书分为六章，第 1 章梳理了液晶显示用扩散板产业以及新兴量子点材料的技术发展概况，重点分析了量子点扩散板在显示领域中的发展与应用。第 2 章主要分析了扩散板技术在全球范围内的专利申请竞争态势，全球主要专利创新区域的分布情况，全球专利布局的主要目标市场情况，以及全球专利创新主体的集中度和排名情况。第 3 章主要分析了扩散板技术在中国范围内的专利申请竞争态势，国外申请人在中国市场的专利布局，国内各省市之间的专利技术竞争格局，中国市场的创新主体类型及申请量排名情况，以及扩散板技术中国专利的转让、许可、质押融资等运营情况。第 4 章对扩散板及其前沿技术钙钛矿量子点的发展路线进行了深入剖析，并基于专利技术创新点和功效矩阵等方式挖掘了扩散板的结构、工艺、材料等技术的专利布局热点和潜在布局空白点。第 5 章对扩散板产业的全球重要创新主体，从专利申请趋势、研发热点及技术动向、主要目标市场等多种维度进行了专利技术创新情况的对比分析，并选取中国、美国、日本、韩国四国的代表性创新主体（韩国三星、日本住友、美国 3M 以及中国京东方和致晶科技）进行了深度分析。

从宏观层面看，显示领域扩散板产业全球及中国专利布局态势呈现以下特点：1）扩散板技术中国申请人专利申请数量在近 10 年呈现高速增长态势，国外申请人专利申请数量趋于下滑，创新主体逐渐由国外转向国内；2）扩散板结构相关专利申请量最多且增速最快，扩散板工艺专利申请量趋于稳定，量子点材料相关专利申请量近五年呈现指数式增长；3）中日韩三国既是扩散板技术的主要来源国又是主要目标国，2015 年中国申请人专利量（537 项）首超日本，成为近年扩散板技术创新最活跃国家；4）中国专利域外同族布局虽然薄弱，但海外布局意识已形成；5）中国是中国、美国、日本、韩国、欧洲五国/地区中专利技术竞争最激烈的目标市场，日本、韩国成为中国扩散板市场最主要的技术输入国，钙钛矿量子点技术在中国专利创新最活跃；6）近八成中国授权专利有效，实用新型专利具有较高保护效力，中国专利转让和质押数量呈现逐年上升趋势，转让为最主要运营方式。

显示领域扩散板产业的重要创新主体呈现以下特点：1）近 10 年显示领域扩散板技术和钙钛矿量子点技术专利申请的申请人集中度逐年下降，扩散板技术申请人以企业为主，钙钛矿量子点技术申请人以高校为主；2）扩散板技术专利申请量前 25 位申请人以日本企业居多，韩国的三星和乐金以及中国的京东方和 TCL 集团已在量子点扩散板技术上布局大量专利；3）三星集团、乐金集团、3M 公司、住友公司、三菱公司是中国企业扩散板市场主要竞争对手；4）广东聚石、台湾颖台科技、常州丰盛专利数量较少，调整产品结构、发展高附加值产品是台湾颖台科技提升市场竞争力的主要手段。

在关键核心技术方面，显示领域扩散板产业发展呈现以下趋势：1）量子点扩散板、Mini LED 扩散板、微结构是扩散板结构发展重点，挤出工艺是量子点扩散板主流成型工艺，钙钛矿量子点和纳米扩散粒子是材料技术发展的主要方向；2）扩散板技术在提升耐热性、阻燃性、机械强度等方面有较大改进空间；3）作为前沿新材料，通过不断提升稳定性和绿色可持续发展，"钙钛矿量子点"必将成为显示领域的"黑马"。

目　录

第1章　绪　论

1.1　显示领域扩散板产业概况

　　显示屏是信息交互的重要媒介，过去 20 年中，显示技术层出不穷❶。液晶显示器（Liquid Crystal Display，LCD）性能稳定、寿命长且成本低，已被广泛应用于各个领域，如智能家居、医疗器械以及工业设备等。由于液晶面板本身无法自发光，所以必须提供外加光源以达到显示效果，背光模组则是液晶面板实现图像显示的光源提供器件。背光源作为背光模组的核心，主要负责为液晶模块提供均匀光照明。近年来，具有低功耗、长寿命等优势的发光二极管（Light Emitting Diode，LED）逐渐取代最初的冷阴极荧光灯（Cold Cathode Fluorescent Lamp，CCFL）成为背光源的主流。然而，标准的 LED 在出光面上的光强随出光角度的增大而减小，呈朗伯分布，其在作为背光源时会造成局部区域过明或过暗的问题，影响视觉体验。众所周知，光线在不同折射率介质的接触面处会发生折射和反射，通过光扩散板使之发生散射，可提升出光均匀性，因此扩散板是 LCD 的关键部件，影响着最终成像的好坏❷。

1.1.1　液晶显示用扩散板

　　光扩散板是通过化学或物理的手段，利用光线在行进途中遇到两个折射率

---

❶　季洪雷，等. 量子点背光液晶显示技术的亥姆霍兹－科尔劳施效应 [J]. 中国光学，2022，15（1）：132 – 143.

❷　叶道春，等. 液晶显示用量子点扩散板的研究进展 [J]. 液晶与显示，2023，38（3）：304 – 318.

（密度）相异的介质时，发生折射、反射与散射的物理现象，通过在聚碳酸酯（Polycarbonate，PC）、聚甲基丙烯酸甲酯（Polymethyl Methacrylate，PMMA）、聚苯乙烯（Polystyrene，PS）、聚丙烯（Polypropylene，PP）等基材中添加无机或有机光扩散剂，或者通过基材表面的微特征结构的阵列排列人为调整光线，使光线发生不同方向的折射、反射与散射，从而改变光的行进路线，实现入射光充分散射以此产生光学扩散的效果❶。光扩散板具有透光率高、耐磨性好、耐热性佳等优势，在液晶显示领域应用较多。

根据光散射原理的不同，扩散板主要可分为两种：表面微结构型扩散板与添加扩散剂的粒子散射型扩散板。

1.1.1.1 表面微结构型扩散板

表面微结构型扩散板的表面具有周期性微结构，如微透镜阵列、自由曲面微结构、棱柱结构等。这些微结构引起的折射率差异使光线向不同方向折射，从而改变光分布，获得高照度均匀性。

工业上，常使用挤出成型的方法制备扩散板，再使用带印花的辊筒压出表面的微结构。这种方法可自由控制扩散板尺寸，便于连续生产。然而，制备厚度超薄的扩散膜时，表面微结构难以压印，因而一般采用光刻、刻蚀等方法加工。2021 年，Ma 等人从玫瑰花瓣与蝉翼中获得灵感，将微圆顶结构和锥形纳米波纹层次结构结合，采用模板辅助热聚合法制备了一种仿生扩散膜。具有锥形纳米波纹微碗状结构的氧化铝模板通过阳极氧化和刻蚀制备，再使用氧化铝模板下压旋涂在 PMMA 基板的甲基丙烯酸甲酯（Methyl Methacrylate，MMA）预聚物上，固化后即可成形，具体过程如图 1 - 1 - 1 所示。锥形纳米波纹层次结构可以显著减少表面和固体颗粒之间的吸引力，使其具备优秀的防污性能。另外，该扩散膜能在很宽的波长范围内满足高透光率、高雾度的要求❷。

---

❶ 订伟，等. 光扩散板板材专用聚苯乙烯树脂 GPPS - 300NT 的开发及应用 ［J］. 上海塑料，2022，50（5）：54 - 57.

❷ MA Y J，GOU T，FENG C C，et al. Facile fabrication of biomimetic films with the microdome and tapered nanonipple hierarchical structure possessing high haze，high transmittance，anti - fouling and moisture self - cleaning functions ［J］. Chemical Engineering Journal，2021，404：127101.

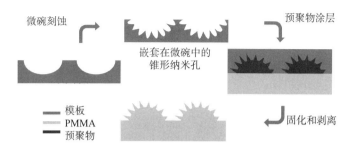

图 1-1-1 聚合物上微碗状结构和锥形纳米波纹层次结构的制造过程示意❶

1.1.1.2 粒子散射型扩散板

粒子散射型扩散板具有结构简单及扩散光线均匀等优点，主要是将 PC、PMMA、PS 等聚合物作为基材，与光扩散剂、增韧剂、抗老化剂等功能性添加剂混合后，通过挤出成型或注塑成型等工艺进行制备，可根据背光模组尺寸的实际需要自由裁切。光扩散剂的可选范围涵盖有机/无机物颗粒，如二氧化硅（SiO_2）、二氧化钛（TiO_2）、二氧化铈（CeO_2）、二氧化锆（ZrO_2）、聚合物微球及核壳结构微球等。为满足光线散射条件，光扩散剂的折射率须与基材不同。扩散剂种类与用量都影响着扩散板的扩散性能，增加扩散粒子能提升扩散板对光线的散射性能，但浓度过高也将使部分光线反向散射，导致透光率下降，影响光效。在这方面，Wu 等人探究了粒子散射型扩散板在添加不同的光扩散粒子时扩散板的光学性能，发现在添加不同扩散粒子时，扩散板在色散、紫外近红外屏蔽以及光散射等方面存在差异，所得结果可为扩散板制备时光扩散剂的选择提供参考❷。

光线在经过核壳结构微球时具有多次散射效应，可显著增大光散射角，有利于扩宽扩散板的视场角。因此，核壳结构微球也适于作为扩散剂使用，如 $SiO_2/CeO_2/poly$（VTMS）微球、ZrO_2@PMMA@polysiloxane 微球等。2020 年，Son 等人提出了一种具有折射率梯度的单核双壳 $SiO_2/TiO_2/PMMA$ 纳米颗粒。TiO_2 壳层具有紫外线（UV）屏蔽特性，折射率高于 SiO_2 核心与最外层的

❶ MA Y J, GOU T, FENG C C, et al. Facile fabrication of biomimetic films with the microdome and tapered nanonipple hierarchical structure possessing high haze, high transmittance, anti-fouling and moisture self-cleaning functions [J]. Chemical Engineering Journal, 2021, 404: 127101.

❷ WU X N, LIU M Q, HU J G, et al. Light diffusing mechanism of new diffusion phenomena for diffusers with different diffusing patterns [J]. Optical Materials, 2021, 111: 110599.

PMMA。相较于纯 SiO_2 粒子，光在穿透单核双壳 $SiO_2/TiO_2/PMMA$ 纳米颗粒时，光路更为复杂，并且能显著改善可见光区的光散射性能。为验证 $SiO_2/TiO_2/PMMA$ 纳米颗粒的实际性能，他们将纳米颗粒均匀混合在丙烯酸基树脂溶液中，使用辊筒制备了光学透明胶膜，制备过程如图 1-1-2 所示。单核双壳纳米颗粒优异的光散射性能为光学透明胶膜提供了宽视角，并在法线方向上保持了膜的高透光性❶。

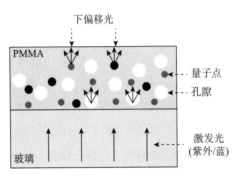

图 1-1-2 发泡混合薄膜示意❷

1.1.2 量子点技术发展概况

胶体纳米晶，通常叫作量子点，从尺度上来说作为一种纳米尺度的半导体材料，在各方面表现出与本体材料所不同的优异性质，被越来越多的研究人员所关注和青睐。量子点在纳米光子学的研究中具有举足轻重的地位，基于量子点的发光二极管（LED）、太阳能电池、探测器等光电器件的研究成果层出不穷。

量子点材料的种类十分繁杂，就目前而言，能够满足显示领域应用需求的量子点材料主要有三大类：以硒化镉（CdSe）为代表的 Ⅱ-Ⅵ 族量子点材料、以磷化铟（InP）为代表的 Ⅲ-Ⅴ 族量子点材料、以甲铵三溴铅酸盐（$CH_3NH_3PbBr_3$）或三溴合铅酸铯（$CsPbBr_3$）为代表的 ABX_3 钙钛矿结构的量子点材料。其中 Ⅱ-Ⅵ 族和 Ⅲ-Ⅴ 族两类量子点材料研究得较早，在材料合成机理、结构性质等方面已经有了非常丰富的积淀，这也是这两类材料目前能

❶❷ SON I，LEE J H. Highly transparent and wide viewing optical films using embedded hierarchical double-shell layered nanoparticles with gradient refractive index surface［J］. ACS Applied Materials & Interfaces，2020，12（27）：30862-30870.

够应用在量子点电视中的一个重要前提。如图1-1-3所示，发光效率高、半峰宽窄是这三类量子点材料的共同特点，是量子点材料区别于有机发光材料和无机稀土荧光粉的重要特征，也是量子点被认为是迄今为止发现的最好的发光材料的重要原因，尤其是近年来发展起来的钙钛矿量子点因为在半峰宽和发光效率方面展现出优势，已然成为显示器件领域中的明星材料。

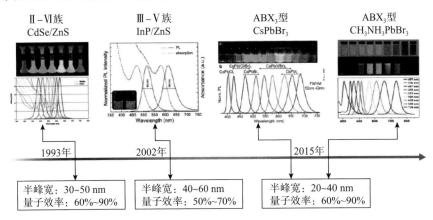

图1-1-3　主要量子点材料的发展历史（显示领域）

量子点材料的产业链从上游到下游依次包括：上游量子点材料、中游量子点膜和下游量子点材料应用。其中，上游量子点材料主要包括量子点材料的研发；中游量子点膜包括量子点膜的封装、涂布和复合制备工艺等；下游量子点材料应用即为量子点材料的具体应用，包括显示装置、太阳能电池、传感器、激光器等。

显示业是年产值超万亿元的新兴产业之一。在显示领域，量子点作为一种最新型的半导体荧光材料，已经逐渐成为取代传统荧光的研究热点。量子点可与LCD、OLED、Micro LED等显示技术结合，显著提高显示器件的色彩品质，简化制造工艺，成为显示领域重要的前沿技术之一。2013年，索尼推出了全球第一款搭载量子点背光的液晶电视（量子点背光液晶显示，QD-LCD）。2014年，TCL在国际消费类电子产品展览会（CES）和柏林国际消费电子展（IFA）上展出QD-LCD。随后三星等国际国内品牌纷纷跟进，量子点电视成为电视产业中的一个新兴品类，在全球市场推广开来。

2020年，QD-LCD的销量已经超过千万台❶。根据国际知名机构Omdia

❶　ZHU R D, LUO Z Y, CHEN H W, et al. Realizing Rec. 2020 color gamut with quantum dot displays [J]. Optics Express, 2015, 23（18）：23680-23693.

的统计和预测，全球量子点电视的总体出货量将从 2018 年的 270 万台增长到 2025 年的 2000 万台❶。此外，随着量子点扩散板、QLED 等量子点全新技术路线的日渐成熟，面对来自需要更低价格的中低端市场和呼唤更极致性能的高端市场的双向冲击，量子点技术的未来将更加广阔。CINNO Research 预测，至 2024 年全球量子点显示材料用量将突破 22t，年均复合增长率达到 52%。像素化量子点色转换技术被认为是降低 OLED 显示成本和解决 Micro LED 显示所面临的红光 LED 缺失、巨量转移等难题的首选技术路线；而量子点电致发光（QD-EL）显示技术发展迅速，实验室器件综合性能接近商业 OLED 的水平。2020 年 TCL、京东方分别展出了 31 吋和 55 吋的印刷显示样机，2023 年夏普和京东方分别推出光刻制备的显示样机。因此，量子点显示技术成为显示企业争相布局的重点领域之一。国家"十三五"战略性新兴产业发展规划、"中国制造 2025"以及科技部"十四五"重点研发计划"新型显示与战略性电子材料"专项征求意见稿都明确提出了重点发展量子点显示技术。

1.1.3　量子点扩散板在显示领域中的发展与应用

量子点扩散板属于粒子散射型扩散板，具备散射光线的特性。通常量子点扩散板以 PMMA 及 PS 等聚合物作为基体，通过熔融挤出工艺制备，量子点均匀地分散其中。与量子点膜相比，量子点扩散板省去了昂贵的阻隔膜，聚合物基体有助于减少量子点团聚现象，进一步提升量子点的稳定性。量子点扩散板背光结构如图 1-1-4 所示，从上至下包括棱镜膜、量子点扩散板、蓝光 Mini LED 阵列等。

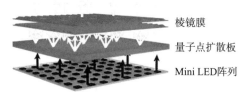

棱镜膜
量子点扩散板
Mini LED阵列

图 1-1-4　量子点扩散板背光结构示意❷

❶ 李继军，等. 平板显示技术比较及研究进展［J］. 中国光学，2018，11（5）：695-710.
❷ 叶道春，等. 液晶显示用量子点扩散板的研究进展［J］. 液晶与显示，2023，38（3）：304-318.

量子点扩散板将量子点膜与扩散板合二为一，兼具色转换及散射特性，简化了背光结构。因此，在大中型尺寸电视的制造中，量子点扩散板相较于量子点膜结构更具优势。当前用于扩散板中的量子点多为 Ⅱ - Ⅵ 族半导体量子点，近来钙钛矿量子点由于合成简单、宽色域、光谱可调等优点，在显示领域的研究受到追捧。但稳定性差同样是限制其应用的难题之一。目前，已证明通过配体修饰、离子掺杂、包覆等手段可有效改善其稳定性。其中，包覆的方案可以很好地解决稳定性的问题。由于玻璃和聚合物的结构致密，常将钙钛矿量子点嵌入其中使之与环境隔离，提高量子点稳定性，并且由于聚合物具有良好的透光性，对量子点光学性能影响较小。

2022 年，Zhou 等人通过乙烯 - 醋酸乙烯酯（Ethylene Vinyl Acetate，EVA）薄膜涂覆策略制备了 $CsPbX_3$ 复合膜，改善了量子点的水氧稳定性并具有优良的背光性能[1]。Chen 等人选用具有较好热稳定性的 Mn 基钙钛矿量子点，并将其封装在 PS 中制成薄膜来提高量子点对环境因素的耐受性[2]。Lin 的课题组通过控制成核/生长过程，在硼硅酸盐玻璃中沉淀了 $CsPbBr_3$ 量子点，制备了 $CsPbBr_3$@ glass@ PDMS 薄膜，得益于玻璃与聚合物的双重保护，复合膜经受高温高湿的老化实验后，仍具有优异的背光色彩表现[3]。Chen 等人采用原位超声喷涂法制备了 $CsPbBr_3$@ PMMA 复合膜，该膜具有宽色域、高色准度及稳定的环境存储性能，可应用于 LCD 背光显示[4]。另外，Yang 等人在 $CsPbBr_3$ 钙钛矿量子点玻璃中掺入 MgO，制备了高色域的背光转换膜。通过控制 MgO 的含量，可实现在 522 ~ 533 nm 的窄范围波长可调。MgO 的加入增强了钙钛矿量子点的光学特性与稳定性[5]。总之，针对钙钛矿水氧稳定性弱的问题，已开展

[1] ZHOU Y F, HE Z Y, DING J, et al. Highly photoluminescent Yb - doped $CsPbBrI_2$ nanocrystals in ethylene vinyl acetate composite films for wide color gamut backlight displays [J]. ACS Applied Nano Materials, 2022, 5 (7): 8942 - 8949.

[2] CHEN W Y, HE Q Y, HE Z Y, et al. Environmental - friendly $Cs_3Mn_xZn_{(1-x)}Br_5$@ PS films used for wide color gamut backlight displays [J]. ACS Sustainable Chemistry & Engineering, 2022, 10 (16): 5333 - 5340.

[3] LIN J D, WANG S X, CHEN G H, et al. Ultra stable narrowband green - emitting $CsPbBr_3$ quantum dot - embedded glass ceramics for wide color gamut backlit displays [J]. Journal of Materials Chemistry C, 2022, 10 (18): 7263 - 7272.

[4] CHEN H, WANG R, MA W Q, et al. One - step spray coating strategy toward a highly uniform large - area $CsPbBr_3$@ PMMA composite film for backlit display [J]. Optics Express, 2022, 30 (12): 20241 - 20249.

[5] YANG M T, WANG Q, TONG Y, et al. $CsPbBr_3$ nanocrystals glass with finely adjustable wavelength and color coordinate by MgO modulation for wide - color - gamut backlight displays [J]. Applied Surface Science, 2022, 604: 154529.

了大量研究。在不断的性能优化下，钙钛矿量子点在背光显示中展现出巨大应用前景。与聚合物结合后，钙钛矿量子点在扩散板中的应用值得被进一步探索。

量子点扩散板结合 Mini LED 的区域调光技术后，即可获得高对比度和精准的色彩还原。总之，量子点扩散板的制备工艺简单、成本低廉，加之与量子点膜相当的显色性能，是极具潜力的 LCD 高色域背光方案。此外，量子点发泡板技术在成本控制方面也具有一定优势。如纳晶科技研发的第二代 QD PS 发泡板，结合了扩散板技术和量子点技术，表现出良好的柔光与广色域特性❶。

1.2 研究内容及方法

1.2.1 技术分解

为了开展显示领域扩散板技术的专利竞争态势分析，首先需要明确分析的技术范围和技术分类，即进行技术分解，扩散板技术分解遵循三个原则：尊重行业习惯、便于专利检索、利于数据处理。

在进行技术分解时，主要根据显示领域扩散板的相关技术文献，参考光电领域以及化学领域的 IPC（International Patent Classification，国际专利分类❷）、CPC（Cooperative Patent Classification，联合专利分类❸）分类结构，进行各级技术分支的划分，并给出各级技术分支的定义，以明确各级技术分支的研究边界。在此基础上，通过与液晶显示及量子点领域专家学者进行沟通讨论，确定显示领域扩散板的最终技术分解表，包括扩散板材料、扩散板结构、扩散板工艺三大部分，并进一步细分为三级等级结构，具体见表 1 - 2 - 1。

---

❶ 叶道春，等. 液晶显示用量子点扩散板的研究进展 [J]. 液晶与显示，2023，38（3）：304 - 318.

❷ 国际专利分类表是根据 1971 年签订的《国际专利分类斯特拉斯堡协定》编制的，是目前唯一国际通用的专利文献分类和检索工具。

❸ 联合专利分类体系是欧洲专利局和美国专利商标局在 2013 年 1 月发布的内部分类体系，中国国家知识产权局从 2016 年 1 月起正式使用 CPC 分类表对中国新申请专利文献进行分类。

表1-2-1 量子点扩散板技术分解

组成部分	一级技术分支	一级技术分支定义	二级技术分支	二级技术分支定义	三级技术分支	三级技术分支定义
扩散板	扩散板材料	形成光扩散效果所采用的材料	有机材料	用有机材料作为扩散剂或扩散粒子	丙烯酸型	
					有机硅型	
					聚乙烯型	
			无机材料	用无机材料作为扩散剂或扩散粒子	二氧化钛	
					硫酸钡	
					二氧化硅	
					碳酸钙	
			量子点	量子点是一种纳米级别的半导体，通过对这种半导体材料施加一定的电场或光压，它们便会发出特定频率的光	显示用传统量子点	在光电显示方面应用的传统用Ⅱ-Ⅲ族量子点，主要包括CdSe、InP、InAs等
					显示用钙钛矿量子点	在光电显示方面应用的钙钛矿量子点
	扩散板结构	包括扩散板内结构和扩散板表面微结构	扩散板内结构	涉及扩散板基体、扩散层等结构	—	
			其他微结构	通过基材表面的微特征结构的阵列排列人为调整光线，使光发生不同方向的折射、反射与散射，从而改变光的行进路线，实现人射光无方向散射，以此产生光扩散的效果	V形凹槽阵列	
					U形凸槽阵列	
					金字塔阵列	
					圆形阵列	
			微透镜阵列	由数个通光孔径及浮雕深度为微米级的微透镜按照特定的排列而成的阵列	—	

续表

组成部分	一级技术分支	一级技术分支定义	二级技术分支	二级技术分支定义	三级技术分支	三级技术分支定义
扩散板	扩散板工艺	包括扩散板制备工艺和扩散板后处理工艺	挤出成型	选取基料、量子点、光扩散粒子，搅拌均匀后投入挤出成型机中，在挤出成型机中将混合物熔化并搅拌均匀，通过挤出成型机成型出扩散板板材	复合薄膜或复合板材	采用一台或多台挤出机将同一种或异种树脂同时挤入一个复合模头中，各层树脂在模头内或外汇合，形成一体，挤出复合后经冷却定型
					单层挤出	通常由量子点材料与光学材料（PS材料、PC材料、PMMA材料、PET材料或有机硅扩散粉等）经过高温单层挤出制作扩散板
					原位合成量子点	含有聚合物基质、钙钛矿前驱体的混合物经熔融挤出，得到复合材料
			注塑成型	在一定温度下，通过螺杆搅拌完全熔融的塑料材料，用高压射入模腔，经冷却固化后，得到成型成品	本体聚合	原料掺杂量子点和光扩散剂进行本体聚合，直接注塑成型，实现量子点和光扩散粒子在板体上的均匀融合
			涂覆成型	在基材上涂覆含有扩散粒子的材料		
			压印成型	通过物理微结构的改变，挤压印的方法，光刻板表面的微结构复制了模具表面微透镜阵列形式的微结构，从而获得了微结构多层扩散板		
			后处理	扩散板成型后的处理，包括表面处理、清洁、涂覆等		

1.2.2 数据采集处理

1.2.2.1 数据库

为保证数据的全面性，本书选取了 2 个外文数据库和 2 个中文数据库。其中，中国专利数据主要来自中国专利文摘数据库和中国专利全文文本代码化数据库，全球专利数据主要来自德温特世界专利索引数据库（DWPI）和世界专利文摘数据库，各数据库数据范围及特点详见表 1 - 2 - 2。

表 1 - 2 - 2 检索数据库简介

数据库名称	数据库数据范围及特点
德温特世界专利索引数据库（DWPI）	汤姆森科技公司标引的 DWPI 数据包括九国两组织❶在内的 48 个国家或组织的专利信息，提供国际专利分类、美国专利分类、欧洲专利分类、日本专利分类、德温特分类信息，同时也提供人工改写摘要信息，此外德温特专利数据还将其收入的专利按照一定的规则整理出具有德温特数据特色的同族数据。数据具有准确、有序的特性。文献收录年代范围：1948 年至今
世界专利文摘数据库	该数据库以欧洲专利局的 DOCDB2.0 数据为基础数据，以 EPODOC 数据，美国、日本、韩国、加拿大文摘辅助数据做补充，按照一定规则加工整合而成，包括的专利信息主要有著录项目、引证、摘要、分类（IPC 分类、ECLA 分类、原始国家分类）等，其包括八国两组织在内的 103 个国家或组织的专利信息。经过加工整合后的数据内容更加丰富，包括英语、德语、法语三种语言的摘要信息，以及美、日、韩原始数据信息。文献收录年代范围：1827 年至今
中国专利文摘数据库	该数据库是对中国专利初加工文摘数据库、中国专利深加工文摘数据库、中国专利检索系统文摘数据库、中国专利英文文摘数据库、DWPI 数据库中的中国数据，世界专利文摘数据库中的中国数据进行错误清理、格式规范、数据整合后形成的一套完整的、标准的中国专利数据集合。数据覆盖全面，数据格式规范，数据质量高。文献收录年代范围：1985 年至今
中国专利全文文本代码化数据库	该数据库的原始数据来源于中国专利代码化数据，通过数据提取，将中国专利代码化数据中的说明书及权利要求这两部分的信息提取出来而形成，此外也可针对全文数据的信息进行检索。文献收录年代范围：1985 年至今

---

❶ 九国两组织：中国、美国、日本、德国、英国、法国、瑞士、韩国、俄罗斯、欧洲专利局、世界知识产权组织。

中国专利申请的法律状态数据来自中国专利文摘数据库。本书中全球专利数据和中国专利数据的检索截止时间为 2023 年 12 月 31 日。

1.2.2.2 检索策略和检索要素

为了快速全面地从专利数据库中检索到显示领域扩散板技术的相关专利，本项目采用分总式检索策略：首先，分别对技术分解表中的各技术分支展开检索，获得该技术分支下的检索结果；其次，将各技术分支的检索结果进行合并，得到总的检索结果。

专利分类号的选取：首先在国际专利分类表（IPC）以及联合专利分类表（CPC）中找到涉及扩散板技术的相关 IPC 和 CPC 分类号，形成初步检索式中的分类号集合；得到检索结果后，通过对检索结果的分类号进行统计分析，对检索式中的分类号进行补充完善，增加或减少分类号。

例如：

扩散板结构的 IPC 分类号包括：G02B3/00、G02B3/02、G02B3/04、G02B3/06、G02B3/08、G02B5/02、G02B5/04、G02B6/00、G02F1/1335、G02F1/13357、F21V5/00、F21V5/02、F21V5/04、F21V5/041、F21V5/043、F21V5/045、F21V5/046、F21V5/048；

扩散板结构的 CPC 分类号包括：G02B3/0006、G02B3/0012、G02B3/0018、G02B3/0025、G02B3/0031、G02B3/0037、G02B3/0043、G02B3/005、G02B3/0056、G02B3/0062、G02B3/0068、G02B3/0075、G02B5/0205、G02B5/021、G02B5/0215、G02B5/0221、G02B5/0226、G02B5/0257、G02B5/0263、G02B5/0268、G02B5/0273、G02B5/0278、G02B5/0284、G02B5/0289、G02B5/0294、G02B5/045、G02B5/0231、F21V5/004、F21V5/005、G02B6/0013、G02B6/0015、G02B6/0016、G02B6/0018、G02B6/002、G02B6/0021、G02B6/0023、G02B6/0025、G02B6/0026、G02B6/0028、G02B6/003、G02B6/0031、G02B6/0033、G02B6/0035、G02B6/0036、G02B6/0038、G02B6/004、G02B6/0041、G02B6/0043、G02B6/0045、G02B6/0046、G02B6/0048、G02B6/005、G02B6/0051、G02B6/0053、G02B6/0055、G02F1/133504、G02F1/133606、G02F2001/133607、G02F1/133611。

关键词的选取：针对显示领域扩散板各个技术分支涉及的技术特征，首先列出这些技术特征尽可能多的表达方式，可考虑上位词、下位词、同义词、近义词、反义词等，初步确定检索用关键词，然后通过进一步检索验证补充完善关键词，最终确定检索用关键词。

例如：

扩散板的中文关键词包括：扩散板、扩散薄板、扩散膜、扩散薄膜、扩散片、扩散薄片、扩散基板、扩散导光板、散射板、散射薄板、散射膜、散射薄膜、散射片、散射薄片、漫射板、漫射薄板、漫射膜、漫射薄膜、漫射片、漫射薄片、弥散板、弥散片、弥散屏、匀光片、匀光膜、匀光板；

扩散板的英文关键词包括：diffuser?、（diffus + plat +）、（diffus + sheet +）、（diffus + film +）、（scattering micro w particle?）、photodiffus +、photo − diffus +、（photo diffus +）、photodispers +、photo − dispers +、（photo dispers +）、（optical diffus +）、（light diffus +）、（optical − diffus +）、（light − diffus +）、（optical dispers +）、（light dispers +）、（optical − dispers +）、（light − dispers +）。

在检索过程中，为了保证查全率和查准率，采取了多种检索策略。

检索策略一，仅使用分类号。通过对技术分支相关文献的分类号统计以及相关领域专利分类专家的分类经验确定出与技术分支最相关的 IPC 和 CPC 分类号，例如分类号 G02B5/021（在器件表面的漫射，例如借助于表面打磨或微棱镜结构）、G02B5/0242（借助于分散颗粒在器件内部的漫射）、G02B6/004（散射点或点状的元件，例如微珠、散射粒子、纳米粒子）与扩散板的表面微结构以及内结构完全相关，仅使用分类号即可获得检索数据。

检索策略二，使用分类号和分类号结合。不同专利分类号代表着不同的技术信息，一篇专利文献中经常会有多个分类号来体现其不同的发明信息，因而利用不同分类号的逻辑运算也可以获得相关检索结果，例如利用 G02B5/0268（按生产或制造方法区分的漫射元件）与 B29C48/00（挤出成型，即挤出成型材料通过模子或喷嘴给出要求的形状；所用的设备）的逻辑运算，即 G02B5/0268/cpc and B29C48/ic，可以检索出扩散板挤出成型技术相关的专利文献。

检索策略三，使用分类号和关键词结合。大多数情况下需要分类号和关键词结合并使用逻辑运算符（and、or、not）、邻近运算符（D、W）和同在运算符（S、P）构建检索式。

检索策略四，仅使用关键词。首先利用相对准确的关键词进行检索，再通过检索验证确定其是否存在歧义以避免关键词引入噪声，最终确定出能够最大限度降低噪声率的准确关键词。

检索策略五，使用关键词与主要申请人结合。考虑到分类号不完全精准，选取与技术相关度最高的若干申请人与关键词结合进行补充检索。

由于专利文献中技术复杂，一件专利文献有可能涉及多个分支的技术，比如丙烯酸型扩散剂技术相关文献中有可能公开扩散板微结构、扩散板挤压成型技术等，因而在涉及的各个技术分支中都将会检索出该篇文献，基于此在将扩散板各技术分支检索结果合并时，将对重复检索出的文献进行去重，而最终获得的文献总量小于各技术分支文献数量和。

在对显示领域扩散板技术的全球专利数据、中国专利数据进行筛选、标引和整理后，对整体及各级技术分支的专利数据进行统计和分析。

1.2.3 分析内容和方法

为全景分析显示领域扩散板产业的专利布局动态，本书采用宏观专利数据定量分析以及对关键技术、重要创新主体进行定性分析相结合的研究方式，对显示用扩散板及其前沿技术"钙钛矿量子点"的专利布局进行点－线－面综合分析，并将专利分析结果与产业实际相结合，得出显示领域扩散板产业相关结论，并为产业用户提出了专利布局建议。

宏观专利数据定量分析主要包括全球专利申请竞争态势分析和中国专利申请竞争态势分析。全球态势分析主要分析了扩散板技术在全球范围内的专利申请竞争态势，全球主要创新区域的分布情况，全球专利布局的主要目标市场情况，以及全球创新主体的集中度和排名情况。中国态势分析主要分析了扩散板技术在中国范围内的专利申请竞争态势，国外申请人在中国市场的专利布局，国内各省市之间的专利技术竞争格局，中国市场的创新主体类型及申请量排名情况，以及扩散板技术中国专利的转让、许可、质押融资等运营情况。

关键技术定性分析方面，通过将申请时间、代表性专利、技术分支、专利申请人、引证关系等多方面信息综合关联呈现为技术演进图，对扩散板技术的发展路线进行了深入剖析，并基于专利技术创新点和功效矩阵等方式挖掘了扩散板各一级技术分支（结构、工艺、材料）的专利布局热点和潜在布局空白点。此外，针对扩散板的前沿技术——钙钛矿量子点，从专利布局趋势、创新区域、目标市场、国内主要技术输入国、主要创新主体、热点应用领域等多方面进行综合深度分析。

全球重要创新主体方面，基于全球和中国专利统计数据筛选出扩散板产业中 11 个重要创新主体，为了综合展示各扩散板企业的异同，从专利布局趋势、研发热点及技术动向、主要目标市场等多种维度进行了对比分析。此外，选取了各国的代表性创新主体（韩国三星、日本住友、美国 3M、中国京东方和致晶科技），从专利布局趋势、布局市场、研发热点、研发团队、研发年限、专利运营、引证次数等方面进行了全方位重点分析。

1.2.4 术语解释和说明

（1）同族专利：同一项发明创造在多个国家申请而产生的一组内容相同或基本相同的专利文献，称为一个专利族或同族专利。从技术角度来看，属于同一专利族的多件专利申请可视为同一项技术。本书在对专利技术原创国进行分析时，对同族专利进行了合并统计，针对专利在国家或地区的公开情况进行分析时，对各件专利进行了单独统计。

（2）项：同一项发明可能在多个国家或地区提出专利申请，DWPI（德温特）数据库能够将这些相关的多件申请作为一条记录收录。在进行专利申请数量统计时，对于以一族（指同族专利中的"族"）数据的形式出现的一系列专利文献，计为一项。

（3）件：在进行专利申请数量统计时，为了分析申请人在不同国家、地区或组织所提出的专利申请的分布情况，将同族专利申请分开进行统计，所得到的结果对应于申请的件数。一项专利申请可能对应于一件或多件专利申请。

（4）全球申请：申请人在全球范围内的各专利局的专利申请。

（5）在中国申请：申请人在中国国家知识产权局的专利申请。

（6）来源国/地区：专利申请人所属国家/地区。

（7）目标国/地区：专利申请所提交的国家/地区。

（8）被引频次：某项专利申请（包括其同族专利）被其他专利申请或者在其他专利申请的审查过程中所引用的次数。

（9）数据完整性约定：由于发明专利申请通常自申请日起 18 个月才公布，实用新型专利申请在授权后才公布，PCT 专利申请可能自申请日起 30 个月甚至更长时间后才进入国家阶段，从而国家公布时间更晚等原因，导致

2022 年或 2023 年的专利申请统计数据不全。

（10）关于专利申请人名称的约定：由于中英翻译不同以及公司并购历史复杂等原因，同一申请人可能对应着多个不同的名称，为了方便统计专利数据，体现申请人真实的专利状况，本书采用标准申请人对申请人的多个名称进行合并和统一约定，不同名称的合并主要基于 DWPI 数据库的公司代码，以及相关公司官网或年报中公布的公司合并或收购历史等信息而进行。

第 2 章　扩散板全球专利竞争态势分析

为从宏观上了解显示领域扩散板产业的全球专利竞争态势，本章主要分析了扩散板技术在全球范围内的专利申请竞争态势，全球主要创新区域的分布情况，全球专利布局的主要目标市场情况，以及全球创新主体的集中度和排名情况。

2.1　全球专利技术创新趋势分析

本节对扩散板技术的全球专利进行申请趋势分析，包括总体申请趋势、全球专利技术分布和各技术分支申请趋势。

2.1.1　全球专利申请态势

截至 2023 年年底，显示领域扩散板技术相关全球专利申请的公开总量为21149 项。如图 2 - 1 - 1 所示，显示领域扩散板技术相关专利最早公开于 1970 年 1 月 2 日，由荷兰的 Imperial Chemical Industries Ltd. 申请，之后的 20 多年，扩散板技术每年仅有几项专利公开，这一时期技术处于萌芽阶段。1995 年，该领域专利申请量超过 20 项，且呈现出逐步发展的态势，至 2000 年突破百项达到 136 项。2000—2008 年，随着显示领域技术快速发展，扩散板技术全球专利申请量也直线上升，2008 年达到一个峰值（907 项）。此外，数据显示，2008 年之前的近 40 年，该领域的专利申请人以国外申请人为主，中国申请人在这一领域起步较晚。

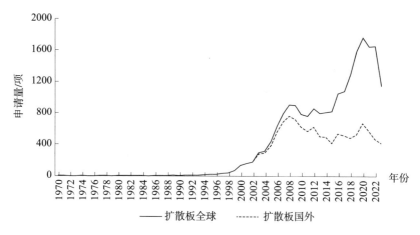

图 2-1-1　扩散板全球专利申请趋势

2008 年全球金融危机的爆发，对美国、日本、欧洲等发达经济体的经济发展造成严重影响，从图 2-1-1 中扩散板技术国外申请趋势来看，2008 年之后，国外申请量在波动中下滑到 2022 年的 477 项，十多年的时间下降将近一半的水平。2008—2016 年尽管国外专利申请量占优势，但扩散板技术领域中国专利申请量一直呈现上升趋势，且自 2017 年，国内专利申请量已超过国外专利申请量，上升势头明显。

2019 年之后，国内专利申请量已超过国外专利申请量的一倍多。中国专利技术创新主体在扩散板领域虽然起步较晚，但后来者居上，尤其近五年呈现爆发式增长态势，图 2-1-1 中扩散板全球曲线和扩散板国外曲线之间的趋势差异，展示了在该领域中国力量对全球技术发展的影响力，国内扩散板领域的技术正处于快速发展期，中国申请人成为该领域的技术创新主体。

2019 年以来的五年中，国外专利申请量在 2020 年有小幅回升，但之后以每年 20% 左右的幅度下降。2020 年中国专利申请量达到了峰值 1388 项。2020 年之后，受新冠疫情影响，国内专利申请量有小幅下滑，加之 2022 年和 2023 年公开数据不全也导致专利申请统计数据下滑。

整体来看，近十年国内扩散板技术快速发展，专利申请量呈现爆发式增长，然而受疫情以及经济大环境影响，近三年专利申请量略有下滑。

2.1.2 扩散板全球专利布局结构及趋势

2.1.2.1 全球专利布局结构

图2-1-2所示为显示领域扩散板技术的全球专利在各级技术分支中的专利布局情况。扩散板技术包括三个一级技术分支：扩散板结构、扩散板工艺和扩散板材料。扩散板结构的全球专利申请量最多（11192项），扩散板结构又

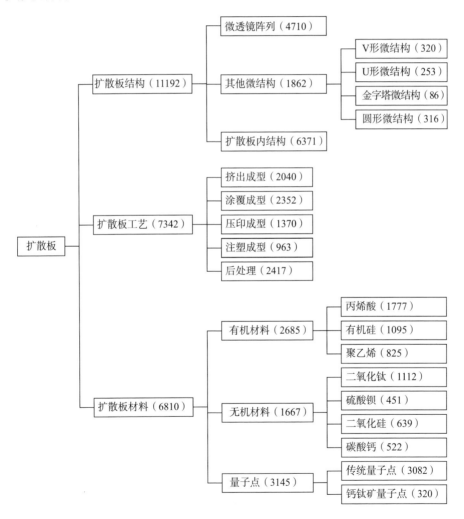

图2-1-2　扩散板全球专利申请量分布（单位：项）

分为三个二级技术分支：扩散板内结构、微透镜阵列和其他微结构，其中扩散板内结构专利申请量达到 6371 项。微结构中，微透镜阵列是最主要的微结构形态，其专利申请量占到微结构专利总量的 71.67%。其他微结构有四个技术分支：V 形微结构、U 形微结构、金字塔微结构、圆形微结构，分别对应 V 形凹槽阵列、U 形凸槽阵列、金字塔阵列、圆形阵列四种微结构形态。

扩散板工艺下设挤出成型、涂覆成型、压印成型、注塑成型和后处理五个二级技术分支。在扩散板的四种成型工艺中，涂覆成型工艺相关专利申请量最多，为 2352 项；其次是挤出成型技术，含单层挤出或复合薄膜成型技术等，为 2040 项；其余两种成型技术的专利申请量分别为压印成型的 1370 项、注塑成型的 963 项。扩散板的后处理相关文献主要涉及扩散板成型后的去毛边、包边、保护涂层、清洁等技术，相关专利申请量为 2417 项。

扩散板材料下设有机材料、无机材料和量子点三个二级技术分支。扩散板材料是指扩散板中扩散层所采用扩散剂或扩散粒子，扩散板材料一级技术分支中，使用量子点作为扩散剂或扩散粒子的专利申请量最多，达到 3145 项，占到扩散板材料专利申请总量的 46.18%，其中钙钛矿量子点用作扩散板材料的有 320 项。最早公开的是北京理工大学申请的"一种钙钛矿/聚合物复合发光材料及其制备方法（CN104861958）"。有机材料中，丙烯酸型扩散剂相关专利申请量最多，为 1777 项；无机材料中，含二氧化钛的扩散剂相关专利申请量最多，为 1112 项。

2.1.2.2 扩散板各一级技术分支专利申请趋势

从近 30 年的专利申请趋势来看，如图 2-1-3 所示，扩散板结构技术，在 2000—2008 年专利申请公开量增速较快，年增速达 126.17%，2008 年达到高位 653 项，其中包含鸿海精密工业股份有限公司和鸿富锦精密工业（深圳）有限公司合计申请的 109 项。2008 年之后扩散板结构相关专利申请量开始下降，到 2010 年已跌破 500 项大关，2010—2016 年专利申请量在 400~500 项之间波动，直到 2017 年才重回到 500 项以上。2018 年之后专利申请量继续逐步上升，2019 年达到 689 项，其中京东方科技集团股份有限公司的专利申请量最多（41 项）。2020 年的 750 项扩散板结构相关专利中，京东方又有 40 多项专利申请，成为近几年该领域技术研发较为活跃的企业之一。2022 年扩散板结构分支有 911 项专利申请，已达到历史最高点。

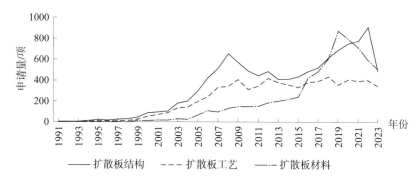

图 2 - 1 - 3　扩散板一级技术分支的全球专利申请趋势

扩散板工艺技术，在1991—2009年的20年间专利申请量持续增长，2009年达到406项后，经历小幅波动，近10年基本维持在400项左右，技术发展趋于稳定。

扩散板材料技术，在2015年发展相对缓慢，从2016年起专利申请量大幅提升，超过扩散板工艺技术分支，并在2019年达到873项，超过扩散板结构技术分支184项。2019—2021年，扩散板材料技术的2896项专利中，三星集团申请量最高，为220项，其次是京东方82项，再次是苏州星烁纳米科技有限公司，为52项。

2.1.2.3　扩散板结构以内结构技术为主并呈现上升趋势

图 2 - 1 - 4 展示了扩散板结构的三个二级技术分支在1991—2023年的全球专利申请趋势。从图中可以看出，三个技术分支在2019年之前发展步调基本一致，尤其是微透镜阵列和扩散板内结构两个分支，2008年之前呈现交替上升的趋势，在2008年达到一个峰值后呈现下降趋势。

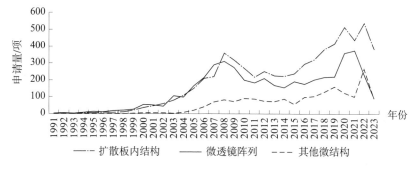

图 2 - 1 - 4　扩散板结构各二级技术分支的全球专利申请趋势

从专利申请量来看，2008 年之前微透镜阵列和扩散板内结构的专利数量基本相同，2008—2015 年专利数量差保持在 50 项左右，2016 年起扩散板内结构专利申请量大幅提升，也拉大了其与微透镜阵列技术的差距，成为扩散板结构三个二级技术分支中最为活跃的领域。

其他微结构分支在 2004—2008 年经历小幅提升之后年申请量稳定在 90 项左右，2016—2019 年又有小幅提升，总体变化不大且申请量远小于扩散板内结构技术分支。

2022 年，微透镜阵列技术分支专利申请量相较于 2021 年缩小了 1/3 以上，而其他微结构分支和扩散板内结构分支专利申请量均有大幅度提升，超过了历史最好水平，可见除微透镜阵列技术外的其他扩散板结构方面可能有新的技术突破。

2.1.2.4 以挤出和涂覆为主要工艺方式且专利技术波动发展

图 2-1-5 示出了扩散板工艺各二级技术分支在 1991—2023 年的全球专利申请趋势。其中专利申请总量最多的是后处理技术，挤出成型、涂覆成型的专利申请量略低于后处理技术，压印成型和注塑成型的专利申请量落后。

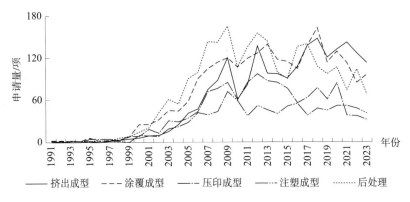

图 2-1-5　扩散板工艺各二级技术分支的全球专利申请趋势

在 20 世纪 90 年代，扩散板工艺技术发展较慢，各类成型工艺的年专利申请量均不足 10 项。2000—2009 年五个技术分支专利申请量均呈现上升态势，尤其后处理技术增幅最大。2009 年之后，各技术分支的年申请量均出现较大波动，其中涂覆成型技术分支呈波动上升态势，该技术分支在 2018 年达到峰值 163 项，超过其他各技术分支，2019 年之后涂覆成型技术的专利申请量呈现下降趋势。

挤出成型技术主要包括单层挤出和复合薄膜挤出两种成型工艺，2019 年之前其历年专利申请量略低于涂覆成型技术，而波动幅度相比其他分支更加明显，并分别在 2009 年（120 项）、2012 年（137 项）、2018 年（148 项）达到阶段性峰值，而紧邻 2009 年波峰的 2010 年仅有 62 项专利申请，处于阶段性最低点的位置。2019 年之后，挤出成型技术的年专利申请量超过其他技术分支，成为扩散板最主流的成型工艺。2019—2023 年，扩散板挤出成型工艺专利申请量排前四位的企业分别是日本的 Kuraray Co., Ltd.（30 项）、三菱公司（18 项），中国的南通创亿达新材料有限公司（16 项）、江苏浩宇电子科技有限公司（16 项）。

压印成型技术的专利申请量在 2007 年之前基本呈现稳步上升的态势。2007—2020 年，年专利申请量基本在 60 ~ 90 项之间波动。2020 年之后，该技术分支的专利申请数量呈下滑趋势，2022 年为 27 项，2023 年仅为 22 项，一定程度上表明压印成型技术出现了技术瓶颈，近三年技术创新活跃度不高。

注塑成型技术在 2006 年之前，其专利申请趋势基本与压印成型保持一致。2006 年之后，注塑成型技术的专利申请量仅在 2009 出现一个小峰值（72 项），而后基本保持在 50 项左右。

后处理技术在 2013 年之前专利申请量均处于各技术分支之首，尤其是 2007—2013 年这几年中，其专利申请量多次达到 140 项以上，2009 年达到了峰值 165 项。2013 年之后，该技术分支的专利申请量呈现出大幅下滑的态势，年专利申请量逐步被挤出成型技术和涂覆成型技术超越，一定程度上表明扩散板生产厂家逐渐减少了对边缘技术的投入，而转向挤出、涂覆等核心成型工艺的研发，体现了该领域高质量发展的趋势。

2.1.2.5 量子点技术异军突起且在 2020 年前后达到峰值

在扩散板材料技术分支，为了更直观地显示数据，将直接以具体的扩散板材料作为分析对象，图 2 - 1 - 6 展示了扩散板材料九个三级技术分支的全球专利申请趋势。这些技术分支涉及有机材料的有三个：丙烯酸、有机硅、聚乙烯；涉及无机材料的有四个：二氧化钛、硫酸钡、二氧化硅和碳酸钙；涉及量子点的有两个：传统量子点和钙钛矿量子点。

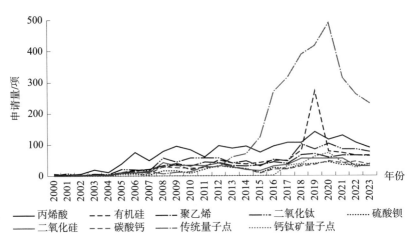

图2－1－6　扩散板材料各三级技术分支的全球专利申请趋势

结合图2－1－3可以看到扩散板材料相比扩散板结构和扩散板工艺专利申请起步相对较晚，2000年各材料分支的专利申请量还处于个位数。从逐年申请量来看，在2015年之前，丙烯酸是申请量最多的分支，钙钛矿量子点技术还未有专利申请。2015年，钙钛矿量子点技术作为新兴的下一代量子点材料开始登上舞台，钙钛矿量子点作为扩散粒子的相关专利也公开于2015年，是由北京理工大学于2015年5月14日申请的，公开号为CN104861958，发明名称为"一种钙钛矿/聚合物复合发光材料及其制备方法"。同年除钙钛矿量子点、有机硅、聚乙烯、传统量子点四个技术分支外，其余五个技术分支专利申请量或多或少有所回落。

2015年之后，各技术分支技术发展的步调不再一致。有机材料方面，三个技术分支专利申请量峰值都出现在2019年，尤其是有机硅技术分支相较上一年度增长了两倍有余，达到了272项，考虑到这些专利是由265个申请人申请的，因而存在一定的偶然性。2020—2023年，各技术分支专利申请量又出现了不同程度的回落，有机硅技术分支的回落较为明显，到2023年已跌至65项；丙烯酸、聚乙烯技术分支专利申请量的回落都呈波动式，到2023年年底丙烯酸技术分支专利申请量减少近1/3，为90项；而聚乙烯技术分支减少幅度较小，仅为10%左右，为64项。

2015年之后，在无机材料方面，2020年四个二级技术分支共同达到了峰值，二氧化钛技术分支的专利申请量超过100项，其他三个技术分支在45～55

项之间。在 2020 年之后，各技术分支专利申请量均有不同程度的回落。

2015 年之后，随着量子点技术的发展，量子点在显示方面显现了突出优势，其在扩散板材料上的研究和应用也不断发展，传统量子点技术的专利申请量呈现爆发式增长，至 2020 年达到峰值 477 项，其中三星集团有 105 项，可见三星集团在扩散板材料上的研究主要集中于量子点技术。钙钛矿量子点技术在几年内就超过了传统的聚乙烯、硫酸钡、碳酸钙等扩散剂材料，在 2020 年达到峰值 74 项。2021—2023 年，无论是传统量子点还是钙钛矿量子点，专利申请量均减少了 1/2 左右。

综上所述，扩散板技术三个一级技术分支中，扩散板结构的专利申请量最多，其专利申请量在 2008 年达到阶段性的最高点后，又经历了近十年的低谷期，最近几年才又一次呈现增长态势，并在 2022 年迎来了新的最高点。扩散板结构三个二级技术分支中近几年专利申请最为活跃的领域是扩散板内结构，微结构中以微透镜阵列技术为主且申请量趋于稳定。

扩散板工艺技术近十年来专利申请量基本维持在 400 项左右，技术发展趋于稳定。各成型工艺中，挤出成型和涂覆成型工艺相关专利申请量分别位于四个分支中的第一和第二位。后处理技术专利申请量在 2008 年之后呈波动式下降，体现了该领域高质量发展的趋势。

扩散板材料分支的有机材料和无机材料技术分支中，丙烯酸、二氧化钛和有机硅较受青睐。2015 年前后，量子点技术的发展带来了量子点技术在各个行业的应用研发热潮，三星集团是其中的佼佼者。传统的量子点技术研究仍以较大优势占领着主要市场，钙钛矿量子点作为下一代量子点材料，目前申请量超过了传统的聚乙烯、硫酸钡、碳酸钙等扩散剂材料，也在蓬勃发展中。

2.2 专利技术创新区域竞争分析

本节对扩散板技术全球专利的来源国/地区情况进行分析，包括专利来源国分布、主要来源国专利申请趋势和域外布局情况以及各技术分支的主要来源国分布。

2.2.1　全球创新区域分布

扩散板全球专利来源于 41 个国家和地区，如图 2-2-1 所示，申请量排在前 10 位的分别是中国、日本、韩国、美国、德国、荷兰、法国、英国、瑞士和以色列，前 10 位国家申请量合计为 19485 项，占全球申请总量的 92.13%。

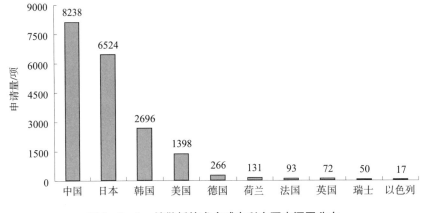

图 2-2-1　扩散板技术全球专利主要来源国分布

从地域分布来看，前 10 位国家主要分布在东亚、北美和欧洲。其中，中国以 8238 项位居榜首，日本、韩国、美国分列第 2~4 位，前四名申请量之和占到全球申请总量的 89.16%，由此可以看出，中国、日本、韩国、美国四个国家在扩散板领域的专利活动较为积极，专利数量保持着领先地位。

2.2.2　主要创新区域专利申请趋势及域外布局

图 2-2-2 展示了扩散板技术全球专利四个主要来源国（中国、日本、韩国、美国）在 1991—2023 年的专利申请趋势。从图中可以看出，2015 年之前，日本在扩散板领域的专利申请量明显多于其他三个国家，且 2000—2009年申请量呈现快速上升的态势。2010 年和 2011 年经过小幅下降后又在 2012 年达到最高点 737 项，之后基本在波动中呈现下滑趋势，到 2021 年之后，已跌破 400 项，与 2005 年的水平相当。

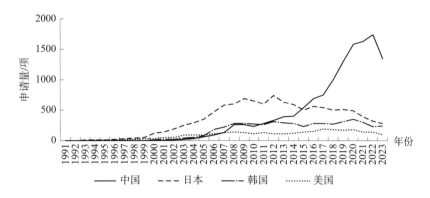

图2-2-2 扩散板全球专利申请量排名前四位的来源国专利申请趋势

相比日本，中国扩散板技术发展较晚，2006年专利申请量还不足百项，在2005—2014年经历了10年的技术积累后，于2015年（537项）超过日本成为该领域专利申请量最多的国家，并且之后一直保持高速增长态势，至2019年达到1303项，遥遥领先于其他国家或地区，表现出非常活跃的技术创新势头。韩国在2003—2008年经历小幅上升后基本维持在年申请量300项左右。美国从2006年的106项缓慢上升至2020年的181项，之后趋于平稳。

自2020年开始，除来源于中国的专利申请在2022年达到了公开量的高峰之外，其余各来源国专利申请量均呈现了逐年下降的趋势。

表2-2-1展示了扩散板技术全球专利四个主要来源国在除本国之外的其他国家或地区进行专利布局的情况。其中原创申请代表同族专利的首次专利申请或优先权专利申请，即1项同族专利为1项原创申请；域外同族专利布局指数＝在除本国外的其他国家公开的专利数量/本国原创申请数量。域外同族专利布局指数越高，代表其在其他国家专利布局的范围越广。四个国家中，美国的域外同族专利布局指数最高，其1398项专利公开了4239件，平均1项专利在不同地区公开3次，并且4239件专利仅在美国本土公开了1068件，即扩散板技术领域的美国申请人更加看重其海外市场的专利布局。美国申请人在中国布局了727件，中国是美国最大的海外专利布局市场。

日本、韩国也比较注重海外市场的专利布局。相比之下，中国申请人虽然有非常强的创新能力和创新动力，在拓展海外市场方面却相对薄弱。

表2－2－1　扩散板技术主要来源国域外同族专利布局指数

来源国	原创申请/项	公开数量/件	域外专利公开数量/件	域外同族布局指数	公开国家数量/个
中国	8238	9070	606	0.074	14
日本	6524	12688	8246	1.264	27
韩国	2696	5192	2934	1.088	16
美国	1398	4239	3229	2.310	30

2.2.3　重点技术创新区域竞争

图2－2－3展示了排名前四位的技术来源国在各一级技术分支上的专利公开分布情况。从图中可以看出，中国在扩散板材料技术分支的专利申请量远超其他三个国家，在扩散板结构技术分支方面也位列第一，略多于日本，在扩散板工艺技术分支方面以微弱差距屈居第二。日本在扩散板工艺技术分支方面专利申请量排名第一，在其余两个技术分支方面排名均为第二；在各技术分支中，专利申请量排第三名的均为韩国，第四名均为美国。

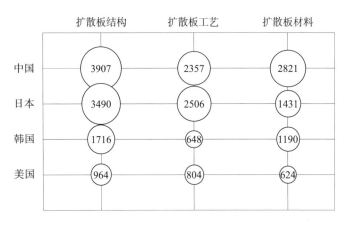

图2－2－3　扩散板全球专利主要来源国在一级技术分支上的专利分布（单位：项）

从图2－2－3中还可以看出，韩国、美国的申请人均以扩散板结构作为研发重点，韩国相对而言更关注扩散板材料领域。

表2－2－2展示了前四位来源国分别在扩散板技术各级分支的专利分布情况。在扩散板结构的各级分支中，中国在Ｖ形微结构、Ｕ形微结构、金字塔微

结构、圆形微结构、其他微结构和扩散板内结构上的专利布局均处于第一位。微透镜阵列技术方面，日本专利申请量排名第一，中国排名第二，韩国以微弱差距排名第三。

表 2-2-2　扩散板各技术分支的主要来源国分布　　　　（单位：项）

扩散板结构						
来源国/地区	扩散板内结构	微透镜阵列	其他微结构	V 形微结构	U 形微结构	金字塔结构	圆形微结构
中国	2824	1088	1340	252	196	72	261
日本	1760	1501	70	3	4	0	9
韩国	819	1058	24	4	7	2	4
美国	430	491	155	17	15	4	25
其他	283	307	39	2	2	0	3

扩散板工艺					
来源国/地区	挤出成型	涂覆成型	压印成型	注塑成型	后处理
中国	875	890	484	290	777
日本	466	898	580	442	1126
韩国	124	262	117	54	258
美国	246	157	114	83	144
其他	304	112	88	78	69

扩散板材料								
来源国/地区	丙烯酸	有机硅	聚乙烯	二氧化钛	硫酸钡	二氧化硅	碳酸钙	传统量子点	钙钛矿量子点
中国	849	632	450	510	188	358	205	1862	233
日本	403	263	129	238	88	137	139	425	32
韩国	394	185	185	202	140	82	125	457	15
美国	74	52	44	65	21	27	17	182	4
其他	96	89	50	88	31	33	21	156	36

　　在扩散板工艺的各级分支里，挤出成型技术分支方面，中国的专利申请量排名第一。在涂覆成型技术分支，日本专利申请量排名第一，中国仅以几项的

差距屈居第二。在压印成型、注塑成型和后处理技术分支上，日本的专利申请量均排名第一，且与排名第二的中国相比，多出20%以上。以上数据也展现出日本在扩散板工艺技术领域处于世界领先地位，我国还有一些差距。

在扩散板材料的各级分支里，中国的专利申请量均是最多的。日本和韩国相比较，日本在有机硅、二氧化钛、二氧化硅技术领域占有优势，韩国在聚乙烯和硫酸钡技术领域占有优势，在丙烯酸和碳酸钙技术领域，两国相差无几。

另外，从各分支中主要来源国之外的其他国家数据中也可以看出，除其他微结构下的四种微结构类型外，在各技术分支中，专利申请来源国/地区除中国、日本、韩国、美国外，其他国家/地区也拥有一定的专利申请量，尤其是涉及挤出成型、涂覆成型、压印成型、注塑成型四种成型工艺，以及丙烯酸、有机硅、二氧化钛、碳酸钙四种扩散板材料的技术分支。在其他来源国/地区的专利申请数据中，来源于德国的专利申请量占了大部分，德国也是可以关注的专利申请来源国。

总体上看，扩散板技术专利申请来源国排名前三位的分别是中国、日本、韩国。三国之中，日本发展很早，并曾经长时间内保持世界领先地位；韩国发展也较早，并一直保持相对稳定的增长态势；中国的扩散板技术虽然发展较晚，但势头迅猛，尤其是近五年中专利申请量呈现了爆发式增长。从技术分布可以看出，日本在扩散板工艺领域仍具有较大优势，中国在扩散板结构和扩散板材料领域的专利申请量已占据优势地位。但是，中国在扩散板成型工艺核心技术上的创新仍需加强，结合域外同族专利布局指数来看，中国的专利域外专利布局仍然较少。

2.3 目标市场竞争分析

本节对显示领域扩散板技术全球专利布局目标国或地区进行分析，包括专利目标国或地区分布，主要目标国或地区专利布局趋势，中国、美国、日本、韩国、欧洲五国/地区专利动向以及各技术分支的主要目标国/地区分布。

2.3.1　全球目标市场分布

图2-3-1显示的是扩散板技术全球专利目标国及地区分布情况，全球共计公开了35404件专利，涉及45个目标国/地区。中国的公开量最高，为14139件，占所有目标国/地区专利总量的39.94%。结合图2-2-2中的中国

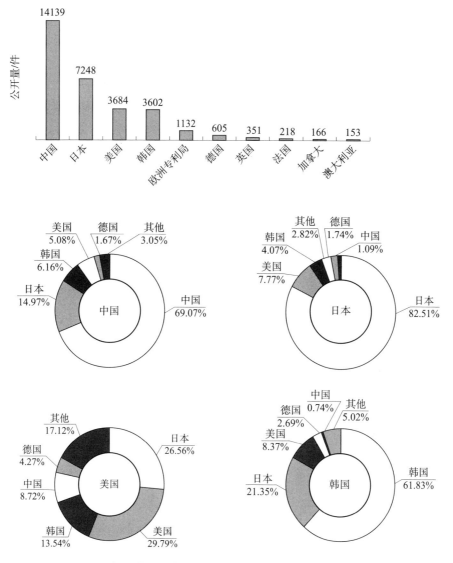

图2-3-1　扩散板技术全球专利公开地区分布及主要公开地区的专利来源情况

专利申请趋势可以看出，虽然中国的扩散板技术发展起步较晚，但 2015 年之后在该领域的专利公开量呈爆发式增长，成为全球最大的新兴市场，同时我国国内扩散板技术的市场竞争非常激烈，各大企业为提升市场竞争力而不断加大技术研发力度并进行密集的专利布局。从中国公开专利的来源国可以清晰地看出，约有七成的专利是由中国本土申请人申请的，表明我国申请人在该领域的技术创新成果是非常多的，专利成果越多表明技术发展越快，"中国创造"的力量越来越凸显出来。在中国布局专利最多的国外申请人主要来源于日本、韩国和美国，其中日本申请的专利占中国市场公开专利总量的 14.97%，韩国和美国在中国布局的专利分别占公开专利总量的 6.16% 和 5.08%。

目标国公开量排在第二的是日本，公开申请总量为 7248 件，占全球专利公开总量的 20.47%。从日本公开专利的来源国分布情况来看，其公开专利 80% 以上来源于日本本国申请人，他国申请人在日本布局专利最多的是美国和韩国，分别占日本专利公开总量的 7.77% 和 4.07%。

目标国公开量排名第三、第四的是美国、韩国，分别占全球专利公开总量的 10.40% 和 10.17%。与其他几个主要目标市场不同，美国的专利公开量仅有约 30% 来自美国本土申请人，日本申请人的专利公开量占美国专利公开总量的 26.56%，韩国申请人在美国市场的专利公开量占 13.54%，因而美国企业在其本土扩散板市场不占有明显技术优势。韩国市场与中国和日本市场类似，以本国申请人的专利为主，其比例达到 61.83%，日本申请人在韩国的专利公开量占比达到了 21.35%，美国申请人在韩国的专利公开量占比达到了 8.37%。值得注意的是，除了在美国市场，中国申请人的专利公开量占比能达到 8.72%，在日本市场的专利公开量占比为 1.09%，在韩国市场的专利公开量占比仅为 0.74%。

2.3.2 主要目标市场专利申请趋势

图 2-3-2 展示了扩散板技术全球专利五个主要目标国家/地区在 1991—2023 年的专利布局趋势[1]。20 世纪 90 年代，五个目标市场的专利公开量均不大，其中美国相对较多。2000 年起，日本市场率先活跃起来，并连续 5 年公

---

[1] 本章中涉及的欧洲市场数据来源于欧洲专利局（EPO）。

开量稳居全球第一。

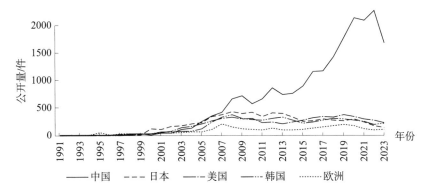

图 2-3-2　扩散板技术全球专利主要目标国/地区专利布局趋势

2005 年之后，中国市场异军突起，其专利公开量明显超过其他国家，并呈现出快速增长的态势，尤其是 2015 年之后增速尤为明显，经统计 2015—2019 年中国公开专利的平均增速为 18.80%。2000 年中国专利公开量为日本的 8.85%，2004 年提高至 63.16%，2005 年中国专利公开量超过日本跃居第一，并且逐步拉大与日本的距离，至 2022 年扩散板技术中国市场专利公开量是日本的 12.79 倍，是近 20 年来扩散板领域专利申请最活跃的市场。

美国市场在 1998 年之前一直处于独树一帜的地位，1998 年后，随着韩国市场的崛起，美国市场和韩国市场的专利公开量走势基本一致，且从 2005 年起基本每年公开量维持在 300 件上下；2015 年开始，韩国市场的公开量开始领先美国市场；2020 年以后美国和韩国市场的专利公开量均逐年减少。欧洲市场在 2000 年之前可与美国市场匹敌；在 2000 年之后，尤其是在 2000—2005 年，其增长幅度与其他市场相比很缓慢，2006 年欧洲市场专利公开量突破 100 件大关，2007 年达到了峰值 201 件，而后在十多年中欧洲市场的专利公开量在 94～193 件之间波动，2019 年达到阶段性的峰值 193 件之后，又以较大的跌幅在三年间锐减到 100 件。2019—2022 年，中国市场的涨势与美国、日本、韩国、欧洲市场疲软的鲜明对比，充分体现出我国良好的营商环境以及企业对于技术创新的重视，有利于扩散板技术的快速发展。

2.3.3　中国、美国、日本、韩国、欧洲五国/地区专利动向

图2-3-3展示了扩散板技术中国、美国、日本、韩国、欧洲五国或地区的专利布局动向，图中线条越粗代表某一国家或地区向其他国家或地区输出专利的数量越多。结合图2-3-1全球专利主要公开地区的专利来源情况的数据不难看出，日本积极在其他目标市场进行专利布局，其域外专利布局的力度远超其他国家，无论是美国、韩国还是欧洲市场，日本申请人的专利申请均已占到20%以上，而在中国市场，日本向中国输出的专利申请占比也达到了将近15%，共计2792件。这些都充分体现了日本申请人对国外目标市场的重视程度。

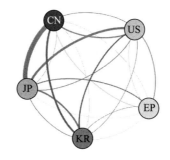

图2-3-3　中国、美国、日本、韩国、欧洲五国或地区扩散板专利动向

韩国在域外的专利布局情况，单从数量上来看也是以中国作为其专利的主要输出国，有千余件之多；从域外专利在当地市场的占比来看，韩国申请人的专利申请在美国和欧洲市场的占比均在10%以上，在日本市场的专利输出较少，仅为4.07%。

美国是以中国作为最大的海外目标市场，其在中国布局了1009件专利申请，其次是日本500余件、欧洲市场400余件和韩国近300件。

相比日本、美国、欧洲和韩国四国或地区，中国在域外布局的专利较少，其中布局最多的是美国（224件），而向其他三个国家或地区的输出量均不足70件。

从其他国家或地区向中国输入专利的数量来看，日本、韩国是最主要的技术输入国，成为我国扩散板技术发展的主要竞争国，我国企业和科研院所应对日韩重要申请人给予密切关注。

2.3.4 各技术分支主要目标国/地区分布

图2-3-4展示了显示领域扩散板技术前五位目标国/地区（中国、美国、日本、韩国和欧洲）在各一级技术分支上的专利公开量情况。从图2-3-4中的气泡大小可以明显看出中国在三个一级技术分支上的专利公开量都是最多的，分别为6571件、5165件和4575件。中国在扩散板结构技术上的专利公开量超过第二位的美国4000余件，在扩散板工艺技术上的专利公开量超过第二位的日本2200多件，在扩散板材料技术上的专利公开量超过第二位的日本3000多件。

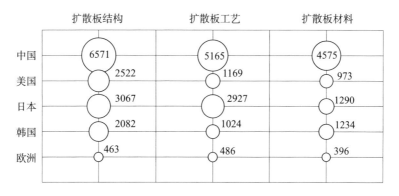

图2-3-4 扩散板主要目标国/地区在一级技术分支上的专利分布（单位：件）

美国的各一级技术分支中扩散板结构的专利公开量最多（2522件）。日本在扩散板结构和扩散板工艺技术上的专利公开量相差不多，分别是3067件和2927件。韩国在各级技术分支上的专利公开量与美国相差不大，同样是扩散板结构的专利公开量最多（2082件）。欧洲公开的专利在扩散板的三个一级技术分支上基本数量均衡，但较其他几个国家或地区数量差距明显。

表2-3-1为中国、美国、日本、韩国、欧洲市场等五个目标国或地区在扩散板结构、扩散板工艺、扩散板材料的各级技术分支上的专利布局情况。在扩散板结构的各级技术分支中，几个目标国或地区的布局热点均为微透镜阵列和扩散板内结构技术，目标市场是中国的专利公开量在各技术分支均排名第一。微透镜阵列技术分支中，中国市场的专利公开量为2270件，日本、美国、韩国分别为1708件、1675件和1404件，位列第2~4位。扩散板内结构技术分支中，中国市场为3874件，日本、韩国、美国分别为1201件、816件和

769 件，位列第 2~4 位。

在扩散板工艺的各级技术分支中，中国仍然是各种成型工艺技术的最大公开国，其中挤出成型、涂覆成型和后处理工艺的公开量均超过了 1500 件，压印成型技术的公开量也超过了 1000 件。日本在各技术分支上的专利公开量相较美国、韩国，均以较大优势位列第二。美国、韩国在各分支上的专利公开量基本相当，各有胜负。除中国市场是涂覆成型技术分支专利公开量最多外，日本、韩国、美国和欧洲市场在后处理工艺上的专利公开量都是较多的。

表 2-3-1　扩散板各技术分支的主要公开国/地区分布　　　　　（单位：件）

公开国/地区	扩散板结构						
	扩散板内结构	微透镜阵列	其他微结构	V 形微结构	U 形微结构	金字塔结构	圆形微结构
中国	3874	2270	1457	251	190	67	269
美国	769	1675	216	21	22	5	30
日本	1201	1708	67	3	4	4	3
韩国	816	1404	57	1	2	2	3
欧洲	249	241	40	1	0	0	0
其他	1286	1604	186	15	16	2	12

公开国/地区	扩散板工艺				
	挤出成型	涂覆成型	压印成型	注塑成型	后处理
中国	2186	1877	1134	854	1938
美国	103	268	209	158	580
日本	235	561	371	378	1074
韩国	76	367	185	124	476
欧洲	54	99	90	77	308
其他	82	409	324	259	1055

公开国/地区	扩散板材料								
	丙烯酸	有机硅	聚乙烯	二氧化钛	硫酸钡	二氧化硅	碳酸钙	传统量子点	钙钛矿量子点
中国	1428	969	724	641	325	764	327	2919	319
美国	104	116	71	206	79	134	68	918	40
日本	374	182	85	363	56	79	69	479	38
韩国	366	151	140	502	127	103	160	726	32
欧洲	110	51	42	19	24	21	10	302	30
其他	257	191	212	283	186	209	194	403	175

扩散板材料的各级技术分支中，几个主要目标国或地区的专利主要布局在传统量子点技术分支上，尤其中国在该技术分支的专利公开量达到了 2919 件。从国家分布上来看，中国在各分支的专利公开量都是最多的，在丙烯酸技术分支上的专利公开量也超过了 1000 件。从中国专利公开数据来看，各类扩散剂或扩散粒子材料中，技术热点主要集中于传统量子点、丙烯酸、有机硅、聚乙烯、二氧化硅等几种材料类型中。美国在传统量子点技术分支的公开量排名第二，为 918 件，而其他各分支的专利公开量有的不足百件，有的也就一二百件，因而美国地区的技术热点主要是传统量子点技术。日本和韩国的技术热点主要是丙烯酸、二氧化钛和传统量子点，欧洲的技术热点也主要是传统量子点技术。

这里需要特别注意的是，结合表 2 - 1 - 2 的数据可以看出，日本作为专利申请来源国，其扩散板结构的微透镜阵列技术分支以及扩散板工艺的涂覆成型、压印成型、注塑成型、后处理技术分支的专利申请量均领先中国，部分技术分支的公开量占比甚至达到 50% 左右，但日本作为专利公开目标市场的专利申请量在各个技术分支均远远低于中国。以涂覆成型技术为例，日本作为专利来源国占据了排名第一的位置，中国仅以微弱差距屈居第二，但考察该分支的技术在各目标市场的公开情况可以看到，中国市场的专利申请量是日本市场专利申请量的三倍有余。由此可以看出，除中国本土申请人外，大量的国外申请人也在该技术分支对中国市场进行专利布局，譬如富士胶片、住友公司、日东电工等多家日本公司都占据了中国市场专利申请量排行榜的前列，这充分说明了日本专利申请人对中国市场的重视，日本扩散板企业把市场重心放在了国外市场，尤其是中国市场，给中国企业带来了很大的竞争压力。

2.4 全球创新主体分析

本节对扩散板技术的全球创新主体进行分析，包括申请人集中度、主要申请人排名、重点技术申请人排名等情况。

2.4.1 全球创新主体专利集中度

图 2 - 4 - 1 展示了扩散板技术 2000—2023 年全球专利申请人前 5 位、前

10 位、前 15 位的专利集中度情况，该分析可在一定程度上表明专利技术垄断性的情况。申请人排名是基于当年全球专利申请人排序确定的，考虑到全球专利在不同国家申请人表达方式不同，这里申请人采用标准化申请人进行统计，比如三星集团包括 Samsung Electronics Co., Ltd.、Samsung Display Co., Ltd.、Samsung SDI Co., Ltd.、三星 SDI 株式会社、三星电子株式会社、三星显示有限公司、三星电子股份有限公司等多个子公司的不同表达方式。

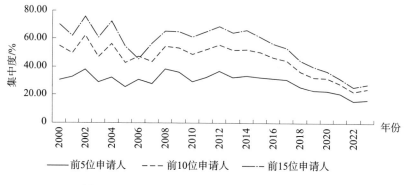

图 2 - 4 - 1 扩散板技术全球申请人专利集中度

从图 2 - 4 - 1 可以看出，2000—2005 年，扩散板领域全球专利的申请人较为集中。前 5 位申请人的专利申请量之和基本占到当年专利申请总量的 30%，前 10 位申请人基本占到 50%，前 15 位申请人占比均在 60% 以上，最高时达到 75.98%，表明这一时期该领域的专利技术主要掌握在少数申请人手中，技术垄断性较高。

2005—2007 年，前 5 位、前 10 位和前 15 位申请人的专利申请量占比有所下滑，其中 2006 年前 15 位申请人由 2004 年的 72.50% 下滑至 45.70%，然而前 5 位申请人的专利申请量占比仍保持在 25% ~ 30% 的较高水平。自 2008 年起，申请人集中度又快速反弹，且之后的七八年都维持在较高的水平，前 5 位、前 10 位和前 15 位申请人的专利申请量占比分别平均在 33.9%、52.4%、64.4%，技术垄断性依然较高。

2015 年之后，随着中国扩散板技术的飞速发展，涌现出了大量中国申请人，使得前 5 位、前 10 位和前 15 位申请人的专利申请量占所在年份该领域专利申请总量的比例呈现下降趋势，且变化趋势基本一致。从 2018 年开始，专利申请的集中度的下降趋势开始加剧，相较于 2017 年各下降了 5 ~ 10 个百分点；2021—2022 年又是跨越式下降，各项集中度又均下降了 5 ~ 6 个百分点，到 2022 年年底专利申请的集中度达到最低，分别为 15.67%、22.37%、25.50%。这些数据也反映了在扩散板技术领域，有越来越多新兴企业加入技术研发的队伍中，行业集中度越来越低，行业竞争加剧，对于最近几年内发展势头强劲的、刚刚崛起的新兴企业，应该予以足够的重视。

尽管全球申请人专利集中度持续下降，但在近 10 年间，三星集团、京东方、乐金集团、3M 公司等历史相对久远的企业在扩散板领域的专利申请量基本排在前 5 位（四个企业近 10 年申请量详见图 2 - 4 - 2），是该技术领域创新活跃度最高的企业，掌握着大量的专利技术，仍然具有很强的竞争实力。

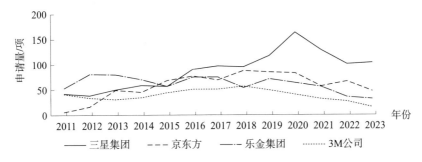

图 2 - 4 - 2　扩散板技术重要申请人近年专利申请趋势

图 2 - 4 - 3 展示了 2000—2023 年扩散板技术三个一级技术分支全球公开专利前 5 位、前 10 位和前 15 位申请人的专利集中度情况。从图中可以看出，扩散板工艺技术分支的专利集中度最低，其前 5 位申请人的专利申请占总量的 10.12%，前 10 位申请人的专利申请占总量的 15.74%，而前 15 位申请人的专利申请仅占总量的 16.90%，也就是说第 11 ~ 15 位申请人对专利申请总量的贡献并不大，与排名在后的申请人在申请量上也差异不大。总体上在扩散板工艺技术方面，除了排名在全球前 10 名的企业，其余的市场处于百花齐放的状态。扩散板材料技术分支排名前 5 位申请人的专利申请占总量的比重与扩散板结构技术分支相比较而言，稍大一些，但排名前 10 位、前 15 位申请人的技术集中度相差无几。总体而言，扩散板结构和扩散板材料技术分支的技术集中度相差不大。

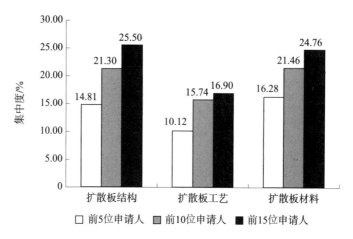

图2-4-3 扩散板各一级技术分支申请人集中度

2.4.2 全球创新主体排名

图2-4-4显示了扩散板技术全球专利申请量前25位的申请人的排名情况，排名第一位的是韩国的三星集团，其原创专利数量和专利公开量分别为829项和1822件，其原创专利数量占扩散板技术全球专利总量的3.92%，占前25位申请人原创专利数量之和的12.47%。排名第2~5位的申请人分别是韩国的乐金集团（619项）、中国大陆的京东方科技集团股份有限公司（简称京东方集团）（501项）、中国台湾地区的鸿海科技集团（445项）、中国大陆的TCL集团（404项）。

从前25位申请人的国别来看，主要是来自日本、韩国和中国的企业，其中日本企业有14家，约占据3/5的席位，比如住友、富士胶片、三菱、夏普、索尼、精工爱普生、松下、日立等公司，这些公司都是耳熟能详的跨国集团企业，在显示领域技术实力雄厚。韩国企业除了三星和乐金，还有第21位的可隆工业株式会社和第17位的东友精细化学株式会社。中国大陆企业，只有排在第3位的京东方集团、第5位的TCL集团和第25位的海信集团。

虽然中国已经成为显示领域扩散板全球第一专利申请国，但是作为创新主体的企业申请人，排名靠前的并不多，相较于日本和韩国企业显得势单力薄。一方面，说明中国在扩散板领域的申请人比较广泛，充分体现了大众创新、万众创业的新模态，有利于扩散板市场的竞争发展。另一方面，在一定程度上表

国别	申请人	原创数量/项	公开量/件	域外公开量/件	域外同族布局指数	公开国家数量/个
韩国	三星集团	829	1822	1196	1.443	11
	乐金集团	619	1041	248	0.401	12
中国	京东方	501	683	182	0.363	7
	鸿海科技	445	592	269	0.604	7
	TCL集团	404	425	21	0.052	5
日本	住友公司	395	727	492	1.246	15
	富士胶片	346	707	403	1.165	8
	大日本印刷	302	531	275	0.911	8
	日东电工	297	640	464	1.562	9
	三菱公司	296	527	311	1.051	12
美国	3M公司	294	906	809	2.752	18
日本	夏普公司	281	418	361	1.285	12
	凸版印刷	280	368	102	0.364	8
中国	明基友达	209	283	231	1.105	11
日本	东丽公司	148	239	166	1.122	10
	索尼公司	124	243	171	1.379	12
韩国	东友精细化学	123	198	56	0.455	4
日本	精工公司	107	208	165	1.542	6
	惠和公司	102	258	170	1.667	7
	瑞翁公司	100	154	89	0.890	8
韩国	可隆工业	97	185	73	0.753	10
日本	松下集团	94	142	98	1.043	10
	日立公司	86	156	103	1.198	10
美国	陶氏杜邦	86	165	137	1.593	18
中国	海信集团	86	92	6	0.070	3

图 2-4-4　扩散板技术全球专利重要申请人专利数量排名及域外布局指数

明我国大多数申请人的技术实力与国外三星、乐金、夏普、3M 等传统显示器制造商还具有很大差距，需要进一步提升众多中小扩散板企业的技术创新能力，以突破国外巨头在该领域的技术垄断。

从域外同族布局指数和公开国家数量来看，日本企业的域外同族布局指数大多都在 1 以上，通过海外专利布局开拓海外市场成为日本企业的通用做法。此外，日本的住友公司、三菱公司、夏普公司和索尼公司的公开国家数量均超过 10 个，表明其海外市场拓展广泛，其中住友公司尽管仅有 395 项专利，却在除本国之外的 14 个国家或地区布局了 492 件专利，市场扩张意识明显。美国虽然仅有两家企业（3M 公司和陶氏杜邦公司）跻身前 25，但其域外同族布局指数和公开国家数量均高于其他国家，其中 3M 公司的域外同族布局指数高达 2.752，公开国家数量达到 18 个，充分体现了其跨国企业的特性和全球扩张的野心。这一点比排名前两位的韩国企业三星集团和乐金集团来说目标市场更为宽广。

相比之下，中国扩散板企业在域外同族布局方面还有待加强，尤其是中国大陆企业，海外布局做得较好的京东方集团，其域外同族布局指数也仅有 0.363，TCL 集团在扩散板技术上也仅在海外布局了 21 件专利，海信集团则更少，仅有 6 件专利。我国企业须进一步加大海外专利布局，为拓展海外市场做好专利技术储备。

2.4.3　重点技术创新主体排名

图 2-4-5 展示了显示领域扩散板技术各级技术分支全球专利申请人专利数量排名情况，全球专利前 10 位申请人基本全部为公司，可见企业作为技术创新主体引领了显示领域扩散板制造业的发展。

扩散板结构各技术分支中，三星集团在微透镜阵列结构和扩散板内结构技术分支上的专利公开量分别为 271 项和 261 项，均排名第一，而在扩散板其他微技术结构分支上的专利公开量未进前十，这表明三星集团在扩散板结构上的技术创新主要集中在采用微透镜阵列结构的扩散板及其扩散层结构，结合图 2-4-5 中三星集团在各种类型扩散板材料上的专利数量，也更加确认其重心在此。中国台湾地区的鸿海科技集团，在扩散板结构三个二级分支的专利量均较高，其中在扩散板其他微结构分支排名第一，在扩散板内结构分支排名第二，在微透镜阵列结构分支排名第 5 位。京东方集团在各技术分支的专利布局与鸿海科技类似，在各分支都有排名，且均在第 3~4 名的位置上。乐金集团、夏普公司在各技术分支上的专利布局，基本与三星集团相同，乐金集团在微透镜阵列结构和扩散板内结构技术分支上的专利公开量排名分别为第 2 位和第 4 位，夏普公司则分别为第 4 位和第 7 位，而在扩散板其他微结构技术分支中两家公司均未有排名。大日本印刷公司也在微透镜阵列结构和扩散板内结构技术分支均占有一席之地。

扩散板其他微结构

鸿海科技	108
明基友达	88
颖台科技	64
京东方集团	61
TCL集团	60
3M公司	56
中强光电	39
工研院	33
深圳阜时科技	28
长兴公司	22

扩散板微透镜阵列结构

三星集团	271
乐金集团	268
京东方集团	132
夏普公司	127
鸿海科技	96
凸版印刷	89
日东电工	84
大日本印刷	75
精工公司	62
LG集团	58

扩散板内结构

三星集团	261
鸿海科技	226
京东方集团	190
乐金集团	175
住友公司	146
大日本印刷	124
夏普公司	110
TCL集团	106
富士胶片	105
三菱公司	105

挤出成型

住友公司	114
金发科技	51
三菱公司	49
可乐丽公司	33
帝人公司	30
三星集团	31
凸版印刷	31
拜耳公司	28
东丽公司	27
3M公司	23

涂覆成型

富士胶片	89
住友公司	61
日东电工	54
三星集团	53
三菱公司	52
3M公司	44
乐金集团	43
积水化成	42
东丽公司	41
东洋纺公司	37

压印成型

住友公司	67
三菱公司	48
大日本印刷	48
富士胶片	40
3M公司	37
三星集团	36
东丽公司	34
鸿海科技	33
凸版印刷	25
索尼公司	17

注塑成型

瑞翁公司	38
三菱公司	35
鸿海科技	35
大日本印刷	31
住友公司	24
凸版印刷	20
旭化成	16
帝人公司	12
积水化成	11
精工公司	11

后处理

日东电工	144
富士胶片	117
住友公司	113
三星集团	74
3M公司	73
乐金集团	71
大日本印刷	64
凸版印刷	57
三菱公司	49
东洋纺织公司	49

丙烯酸

三星集团	79
住友公司	66
鸿海科技	56
京东方集团	31
乐金集团	28
三菱公司	27
凸版印刷	26
富士胶片	23
可隆工业	18
帝人公司	18

有机硅

住友公司	28
三星集团	28
金发科技	17
乐金集团	16
富士胶片	14
苏州三鑫时代	12
出光公司	12
惠州创亿达	10
旭化成	10
陶氏杜邦	10

聚乙烯

住友公司	26
鸿海科技	23
京东方集团	18
乐金集团	16
三星集团	16
深圳金立	13
苏州三鑫时代	12
金发科技	12
可隆工业	11
纳晶科技	10

二氧化钛

三星集团	124
乐金集团	43
东友精细化学	35
鸿海科技	28
京东方集团	27
住友公司	25
富士胶片	22
TCL集团	14
西门子公司	13
DIC公司	12

硫酸钡

三星集团	91
住友公司	19
DIC公司	16
乐金集团	11
苏州星烁纳米	10
金发科技	8
京东方集团	8
柯尼卡美	8
鸿海科技	7
宁波激智科技	6

二氧化硅

住友公司	63
三星集团	52
鸿海科技	36
东友精细化工	30
京东方集团	27
三菱公司	16
TCL集团	14
苏州三鑫时代	12
颖台科技	12
苏州星烁纳米	7

碳酸钙

三星集团	60
住友公司	23
帝人公司	15
DIC公司	15
乐金集团	14
鸿海科技	9
颖台科技	8
世原精工	5
东莞轩朗	5
北京化工大学	5

传统量子点

三星集团	418
京东方集团	180
TCL集团	179
乐金集团	81
苏州星烁纳米	75
富士胶片	63
海信电器	61
大日本印刷	56
聚飞光电	51
深圳阜时科技	44

钙钛矿量子点

TCL集团	76
致晶科技	26
住友公司	24
苏州星烁纳米	22
北京理工大学	11
明基友达	8
扑浪量子	8
北京航空航天大学	8
京东方集团	7
福州大学	6

图2-4-5 各级技术分支全球专利重要申请人专利数量排名（单位：项）

扩散板工艺各技术分支全球前10位申请人排名中，专利申请量最多的是日本公司。日本的住友化学株式会社在挤出成型、压印成型技术分支上的公开量均位列第一，说明住友公司在各种类型的扩散板成型工艺上都有不同程度的创新，技术范围广，可避免单一工艺形式有可能带来的技术壁垒。除住友公司外，日本的三菱公司和凸版印刷、韩国的三星集团、美国的3M公司也采取了与住友公司相同的布局策略。中国台湾的鸿海科技集团主要集中于压印成型和注塑成型两种成型工艺。值得注意的是，在扩散板工艺的各技术分支中，中国大陆申请人没有一家进入前十，这也显示了我国在扩散板工艺领域的技术研发虽然活跃，但根基较为薄弱，规模也有限，要想突破壁垒，需要付出很大的努力，或者可以考虑绕开传统的扩散板工艺技术，另辟蹊径。

扩散板材料各技术分支中，住友公司和三星集团分别占据了多个技术分支公开量排名第一的位置，住友公司占据了两个有机材料有机硅、聚乙烯技术分支和一个无机材料二氧化硅技术分支的榜首，三星集团占据了有机材料丙烯酸、除二氧化硅外的三个无机材料技术分支、传统量子点技术分支榜首的位置，而钙钛矿量子点技术分支排名第一的是TCL集团。

同时住友公司、三星集团、乐金集团、鸿海科技集团、京东方在无机扩散剂、有机扩散剂的各技术分支上基本都布局了较多的专利。此外，三星集团、乐金集团、住友公司、京东方还涉足了新型扩散剂材料——量子点技术，三星集团和乐金集团主要关注传统量子点技术，住友公司主要关注钙钛矿量子点技术，京东方在传统量子点技术和钙钛矿量子点技术两个分支均有专利布局。

在量子点技术上，TCL集团共申请了179项传统量子点扩散剂专利和76项钙钛矿量子点扩散剂专利，而专注于量子点技术的苏州星烁纳米申请了75项传统量子点扩散剂专利和22项钙钛矿量子点扩散剂专利。与其他技术分支不同的是，在钙钛矿量子点技术分支，研发的主体除了企业，还有北京理工大学、福州大学等高校科研机构，如何尽快将高校科研机构的技术成果产业化也是国内研发主体需要关注的问题。

综上所述，在扩散板结构技术分支，韩国三星集团占据绝对优势，日本公司数量占优，中国企业尚有一席之地。在扩散板工艺技术分支，日本公司占据绝对优势，形成了垄断地位。在扩散板材料技术分支，住友集团和三星集团几乎霸占了全部分支的榜首，京东方、TCL 集团、苏州三鑫时代等国内公司也有一席之地。在扩散板量子点技术方面，中国企业、高校和科研院所投入了大量科研力量，创新活跃度远高于其他国家，成为突破显示领域国外技术制约的利器。

第3章 扩散板中国专利竞争态势分析

中国是全球扩散板产业专利布局最大的目标市场，市场竞争激烈。本章将从中国专利技术创新趋势、国外在华专利布局、国内省市专利布局竞争、中国专利创新主体类型及排名、中国专利法律状态及运营情况等方面来分析中国扩散板市场的专利竞争态势。

3.1 中国专利技术创新趋势分析

本节对显示领域扩散板产业的中国专利进行创新趋势分析，包括总体申请态势分析、技术分布分析和各技术分支申请趋势分析。

3.1.1 中国专利申请态势

如图 3 – 1 – 1 所示，截至 2023 年年底，扩散板技术的中国专利申请量总计 16194 件。扩散板技术国内申请人发明专利申请量是实用新型专利申请量的 2 倍多；国内申请人的发明专利申请量是国外申请人的发明专利申请量的 1.6 倍。说明国内申请人注重扩散板技术的技术创新，拥有较高水平的科研能力，能够开展具有挑战性的技术研究和开发工作。实用新型专利申请量国内申请人远远大于国外申请人，扩散板技术国内申请人的实用新型专利申请量是国外申请人的实用新型专利申请量的 41 倍多。

从图 3 – 1 – 1 中可以看出，无论是国内申请人还是国外在华申请人，都更注重发明专利申请。发明专利通常保护的是更具创新性和技术含量更高的文献，能提供更强的保护力、更高的商业价值、更高的技术水平，能够体现更强的创新实力和更高的领先地位。

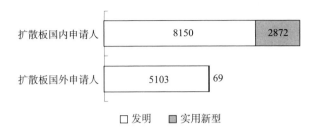

扩散板国内申请人　8150　2872

扩散板国外申请人　5103　69

□ 发明　■ 实用新型

图 3 - 1 - 1　中国专利国内外申请人发明和实用新型申请量（单位：件）

从专利申请趋势来看，如图 3 - 1 - 2 所示，扩散板技术的中国专利最早公开于 1988 年 6 月，是由飞利浦公司申请的关于一种液晶显示发光系统的专利，涉及采用柱面透镜阵列的漫射光屏技术。

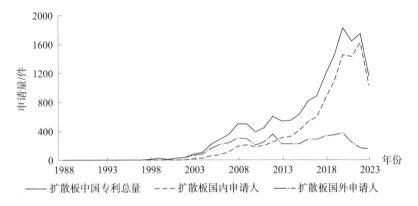

—— 扩散板中国专利总量　— — — 扩散板国内申请人　—·—·— 扩散板国外申请人

图 3 - 1 - 2　扩散板技术中国专利年度申请趋势

国内申请人申请的扩散板技术相关专利最早公开于 1996 年，比国外申请人晚了近 10 年。2000 年之前，不论是国内申请人还是国外申请人的专利申请量都很少。2001—2008 年，国内申请人和国外申请人的专利申请量均逐年小幅增加。2008 年之后，与全球专利申请趋势类似，国外申请人在华专利申请数量趋于稳定，而国内申请人仍保持一定速度增长，并于 2013 年超过国外申请人在华专利申请数量（国内 313 件，国外 227 件）。

2015 年之后，国内申请人在扩散板技术上的专利申请量大幅提升。尤其 2017—2019 年申请量直线上升，至 2019 年达到 1104 件。2019 年申请量最大的国内企业是京东方集团（61 件），同年宁波激智科技股份有限公司、深圳市聚飞光电股份有限公司、武汉华星光电技术有限公司、苏州星烁纳米科技有限公司、深圳市华星光电技术有限公司也有较多专利申请。

2019 年，国务院发布了制造强国战略纲要，提出了一系列加强制造业核心技术研发、提高制造业质量和效率、促进制造业高质量发展的政策措施。2020 年，国务院印发了制造业高质量发展行动方案，提出了一系列政策措施，重点围绕技术创新、产业升级、质量提升等方面，推动制造业高质量发展。随着相关政策的出台，中国制造业智能化水平的提升将推动显示器制造工艺的智能化和自动化，2022 年国内申请人专利申请量达到 1625 件的峰值，创新活跃度高涨。2023 年受国内整体经济环境，以及专利公开延迟等因素影响，扩散板中国专利申请总量有所下降。

3.1.2　扩散板中国专利布局结构及趋势

3.1.2.1　中国专利布局结构

图 3-1-3 展示了扩散板技术下辖各级技术分支的在华专利数量分布情况。中国显示器产业在全球市场上占据重要地位，扩散板结构、工艺和材料的发展对提升整个产业的竞争力具有重要意义。我国政府也在支持该产业的发展，鼓励技术创新和知识产权保护，以推动显示器产业的升级和转型。扩散板结构、扩散板工艺两个技术分支的中国专利申请量相差不多，领先于扩散板材料技术分支的中国专利申请量。其中扩散板工艺的中国专利申请量占扩散板技术中国专利申请量的 37.31%，扩散板结构的中国专利申请量占扩散板技术中国专利申请量的 36.26%。中国正在扩散板结构设计和扩散板工艺方面进行不断优化，以提高光的传播效果和均匀性。

扩散板结构各分支中，扩散板内结构的专利数量最多，占扩散板技术中国专利总量的 18.12%，也是扩散板三大分支中专利数量最多的二级分支。扩散板内部结构对背光模块的性能起着关键作用，扩散板内部结构设计旨在实现光的均匀散射和透过，以提高显示器的光学性能和视觉效果，扩散板内部结构的技术创新受到众多申请人的关注。

扩散板工艺中，挤出成型技术的专利数量最多，有 3438 件相关专利。在扩散板的制造过程中，挤出成型是一种常用的工艺方法，能够高效、经济地实现大规模生产，并且能够满足复杂形状和尺寸的需求。扩散板工艺中，后处理

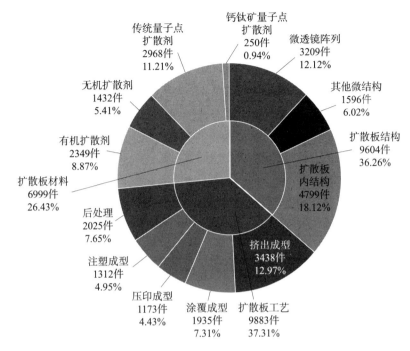

图3-1-3 扩散板中国专利技术分布

技术和涂覆成型技术的申请量也较多，其中国专利申请量分别占扩散板技术中国专利申请量的7.65%和7.31%。

扩散板材料主要是扩散剂或扩散粒子所采用的材料，包括有机材料、无机材料和量子点材料。从各分支的中国专利数量来看，采用传统量子点作为扩散剂材料的专利数量最多，占到扩散板技术中国专利的11.21%。量子点作为扩散板材料具有色彩控制精确、光学增强、节能环保和高可靠性等优点，是液晶显示器背光模块中的重要材料之一，具有广阔的市场应用前景。

钙钛矿量子点是2015年之后出现的一种新型量子点材料，具有钙钛矿结构的特点。钙钛矿量子点由钙钛矿晶格结构组成的纳米粒子组成，具有优异的光学性能和电学性能，在光电领域和荧光领域具有广泛的应用前景，其光学性能优于传统的量子点。从统计数据来看，已经有一定量的申请人将钙钛矿量子点用作扩散剂材料，相关专利有250件，占到扩散板技术中国专利申请量的0.94%。说明钙钛矿量子点作为一种具有优异光学性能和广泛应用前景的新型材料，在科研和产业化方面已经有了初步的发展，未来有望在光电子学领域发挥更大的作用。

从图 3 − 1 − 4 所示的扩散板技术各一级技术分支的发明和实用新型专利占比情况来看，发明专利的占比都是比较高的，说明该领域技术含量较高，具有较高的创新性和技术深度。

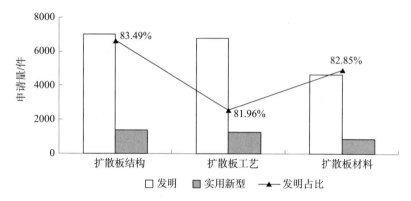

图 3 − 1 − 4　扩散板中国专利各分支专利类型分布

3.1.2.2　扩散板各一级技术分支专利申请趋势

图 3 − 1 − 5 展示了扩散板各一级技术分支的专利年度申请趋势。可以看出，1988—2000 年，各技术分支的中国专利申请量均处于量少、增速缓慢的状态，扩散板技术在中国还处于技术萌芽期。

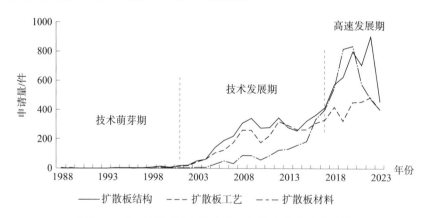

图 3 − 1 − 5　扩散板中国专利各一级技术分支申请趋势

2001—2014 年，扩散板技术各技术分支的中国专利申请量都呈现出明显上升的态势，其中扩散板结构的专利数量在这一时期最多，而扩散板材料的申请量略少且增速缓慢，表明这一时期扩散板结构和扩散板工艺的技术创新是企业研发的重点。

从 2016 年开始，扩散板技术进入高速发展期，其中扩散板材料的中国专利申请量呈现爆发式增长，由 2015 年的 183 件快速增长至 2019 年的 816 件，2020 年扩散板材料的中国专利申请量达到了 836 件。通过进一步分析，扩散板材料专利数量增长的主要原因是量子点材料，尤其是钙钛矿量子点材料作为扩散剂的引入，其优异的光学性能带动了扩散板技术的革新，使得量子点扩散板成为企业研发的重点。2016 年之后扩散板结构的专利数量也呈现快速发展的态势，并在 2022 年达到峰值，超过了 900 件。扩散板工艺方面，2015—2018 年经过小幅上升后，年专利申请量趋于稳定。

3.1.2.3 扩散板内结构技术为主要创新点且呈现上升态势

如图 3-1-6 所示，扩散板结构在 2015—2018 年的专利申请量快速增长主要是由于扩散板内结构相关专利申请量的大幅增长引起的，扩散板内结构在近 10 年间呈现出快速增长的态势。值得注意的是，虽然 2021 年中国专利申请量较 2020 年有所下滑，但 2022 年又快速反弹，其他微结构、微透镜阵列、扩散板内结构的中国专利申请量都有了大幅增长，年均增长率分别为 185.15%、49.17%、31.51%。

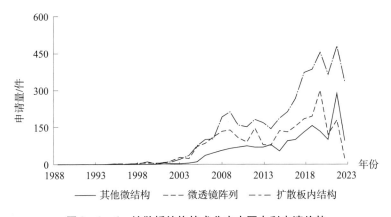

图 3-1-6 扩散板结构技术分支中国专利申请趋势

3.1.2.4 近年来挤出成型和后处理技术成为专利布局热点

如图 3-1-7 所示，扩散板各种成型工艺的中国专利申请量逐年波动较大，但总体趋于增长态势。其中后处理和挤出成型技术专利增长较为明显。2020—2023 年的四年间，挤出成型和后处理的中国专利申请总量都超过了 700 件。由此可见，随着各种成型技术的不断尝试，挤出成型工艺逐渐凸显出其在扩散板制造工艺上的优越性，成为技术创新最为活跃的工艺。后处理技术在近几年的申请量波动较大，主要与微结构成型技术的创新变化有很大关系。

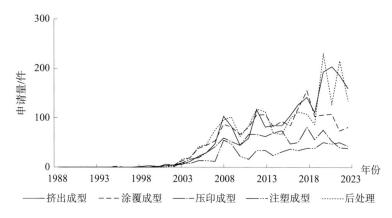

图 3 - 1 - 7　扩散板工艺技术分支中国专利申请趋势

涂覆成型工艺在 2018 年专利申请量达到峰值之后，年申请量呈现下降趋势，2022 年降至百件以下。注塑成型工艺和压印成型工艺在近 10 年，年专利申请量基本维持在 50 件左右。

3.1.2.5　传统量子点技术在 2015 年后呈现爆发式增长

如图 3 - 1 - 8 所示，扩散板材料的专利技术发展较扩散板结构和扩散板工艺略晚，最早出现于 1996 年，各种扩散剂材料在 2015 年之前专利申请量差异不大。然而传统量子点技术在 2015 年后呈现爆发式增长。2020 年采用传统量子点作为扩散剂材料的相关专利达到 589 件，其中三星集团 62 件、深圳阜时科技有限公司 31 件、TCL 集团 27 件、京东方集团 27 件。

其他扩散剂材料中，聚丙烯和有机硅的专利申请量明显高于其他有机或无机材料，且呈现逐年增长的趋势，尤其有机硅在 2019 年出现一个明显的峰值，达到 273 件，然而该年份并没有出现个别申请人大量申请专利的情况，最多仅有 5 件，如南通创亿达新材料有限公司。无机材料中，涉及二氧化钛的专利量最多，2020 年二氧化钛作为扩散剂材料的专利量达到 100 件。

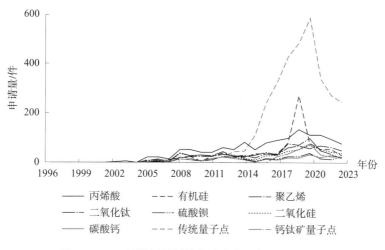

图 3-1-8 扩散板材料技术分支中国专利申请趋势

3.2 国外在华专利布局分析

本小节对扩散板技术的国外申请人在华专利布局情况进行分析，包括中国市场主要技术输入国、主要技术输入国申请趋势及布局领域。

3.2.1 中国市场主要技术输入国

图 3-2-1 展示了扩散板技术国外在华专利主要申请国的专利布局情况，其中日本以 2792 件占据了整个国外在华专利的一半以上，体现了其在扩散板技术领域的领先地位，日本在扩散板技术研究方面具有丰富的经验和领先的技术实力，其企业和研究机构在液晶显示、OLED、柔性显示等领域都取得了重要的成就，为全球显示技术的发展做出了重要贡献。韩国位列第二，以 1125 件占到扩散板技术国外在华专利总量的 19.33%。美国、德国和荷兰分别以 1009 件、320 件、149 件位于第 3~5 位。

日本、韩国、美国和德国是在显示领域的扩散板技术方面实力比较强的几个国家，它们在该领域的研究、开发和产业化方面具有丰富的经验和实力。由此可见在显示领域扩散板技术上具有较强技术实力的日本、韩国和美国十分重

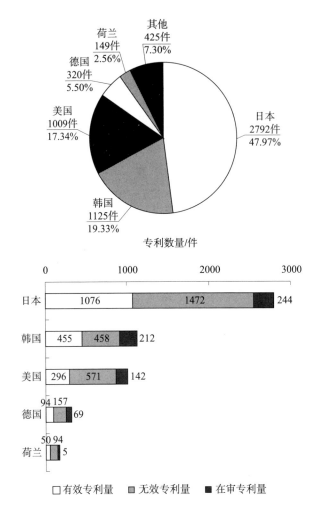

图 3-2-1　扩散板技术国外主要专利来源国在华专利布局

视在中国的专利布局，尤其以住友化学、日东电工、夏普、富士胶片为代表的日本公司；以三星集团、乐金集团为代表的韩国公司；以 3M 公司为代表的美国公司，代表着扩散板制造业的国际先进水平，在全球显示市场中占据着重要地位。

从图 3-2-1 所示专利有效性来看，在扩散板技术领域，五个主要国外来源国的在华有效专利基本占其在华布局专利总量的 1/3。日本申请人在华布局专利虽然最多，然而其失效专利也最多且占比较大，约占其总量的 52.68%。1472 件失效专利中，有 629 件因未缴纳年费而失效，70 件期限届满，而其余的 600 多件专利并未授予专利权,也就是说日本在华专利的授权比例约为 50%。韩国在华专利中有效、无效和审查中专利量基本是 2:2:1,美国在华专利中无效专利量高于韩国。

中国国内申请人目前在扩散板技术上的有效专利量为 4950 件,失效专利量为 4600 件,在审专利量为 2363 件,从有效和无效比例来看,中国申请人的专利有效比例明显高于日本、韩国和美国,表明在扩散板技术上,国内申请人的技术创新能力和专利保护意愿非常强,说明中国在扩散板技术创新、法律保护、创新生态系统发展和国际竞争力等方面取得了重要进展,为中国的经济发展和创新能力提升提供了有力支撑。

3.2.2 主要技术输入国申请趋势及布局领域

图 3-2-2 展示了扩散板技术日本、韩国、美国、德国、荷兰五个国外专利来源国在华专利申请趋势。可以看出 2003 年之前,五个国家的在华专利公开量均不大,日本略高于其他国家。随着中国显示领域的快速发展,巨大的商机刺激日本加大了在华专利布局的步伐,2003 年日本在华专利申请量超过 50 件,明显高于其他四国,且专利申请趋势呈现持续上升态势,至 2009 年达到峰值 290 件。与此同时,韩国和美国的专利申请量也有所提升,但年申请量均未超过百件,德国和荷兰基本保持较低申请量的状态。

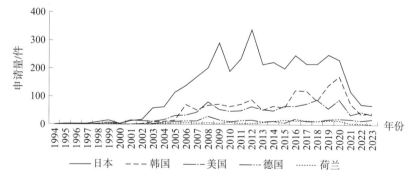

图 3-2-2 扩散板技术五大国外主要专利来源国在华专利申请态势

2009—2013 年,日本在华专利布局量出现较大波动,2010 年专利申请量下降后又快速反弹至 2012 年的新高。据 2012 年电视机市场分析报告显示,2005—2006 年,夏普、索尼、东芝、三星、乐金集团等日本和韩国的彩电厂商纷纷放弃等离子电视而将产业重心转移至生产液晶电视，这种产业效应在2012年上半年释放出来，产业规模日趋扩大。而在2012年的338件日本在华专利中，夏普公司的专利量为70件，占到20.71%，其专利主要涉及液晶显示器的扩散板结构，很明显是为其在中国抢占液晶电视市场而进行的专利布局。2013年之后，日本在华专利量基本稳定在每年200～250件。

2008—2020年，美国在华专利申请量基本稳定在约60件/年，韩国在2015年之前基本与美国持平，2015年之后由于三星、乐金集团等韩国企业在量子点技术上的发展使其加大了在华的专利布局力度。对此，国内科研专家需密切关注国外竞争对手的在华专利布局态势，跟踪专利的法律状态，采取积极措施打破国外竞争对手的专利壁垒，尤其在钙钛矿量子点在扩散板的应用技术上应加大专利池构建力度，提升市场竞争力。2021—2023年，日本、韩国和美国在华专利申请量均呈现了明显下降趋势，说明这三个国家放缓了在中国布局的脚步。

从表3-2-1所示的五国在华专利布局的技术分布来看，日本在扩散板结构、扩散板工艺和扩散板材料方面呈现了齐头并进的发展态势，三个领域的在华专利申请量均居第一位。韩国申请人在三个分支的专利布局相对均衡，研发重点在于扩散板结构，美国申请人的研发重点在于扩散板结构和扩散板工艺，德国在三个分支上的专利布局量差距不大，但更注重扩散板工艺的发展，荷兰在三个分支上的专利布局量差异不大。

表3-2-1　扩散板技术五大国外主要专利来源国在华专利技术分布（单位：件）

国别	技术分支		
	扩散板结构	扩散板工艺	扩散板材料
日本	1432	1497	576
韩国	624	457	445
美国	471	326	254
德国	112	179	94
荷兰	58	68	42

总体来看，日本是中国市场最大的海外专利来源国，在扩散板技术领域一直处于领先地位，其在华专利量超过国外在华专利总量的一半。日本在华专利授权比例约为50%，其失效专利比例高于国内申请人。日本在华专利布局经历快速增长、大幅波动后趋于稳定，韩国在2015年之后由于量子点技术的发展而加大了在华专利布局，需引起重点关注。

3.3 国内省市专利竞争分析

3.3.1 国内省市专利竞争格局

如图 3 - 3 - 1 和图 3 - 3 - 2 所示，排名前 10 位的省市依次是广东 4029 件、江苏 2356 件、浙江 1202 件、北京 1139 件、安徽 739 件、上海 689 件、山东 647 件、福建 535 件、湖北 414 件、四川 304 件。其中，广东、江苏、浙江、北京的专利申请量均达到了 1000 件以上，分别占到国内专利申请总量的 27.47%、16.06%、8.19%、7.76%，这四个省市是中国扩散板技术专利申请人的主要来源地。

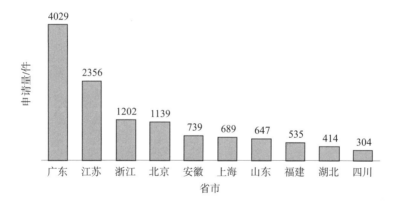

图 3 - 3 - 1　中国前 10 省市专利申请量

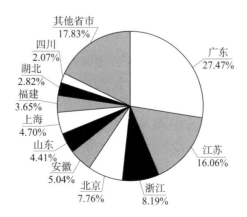

图 3 - 3 - 2　中国前 10 省市专利申请占比

可以看出我国扩散板产业以珠江三角洲、长江三角洲和环渤海地区为优势地区，带动中西部地区重点省市协同发展。珠江三角洲的扩散板产业以广东省为核心区域；长江三角洲的扩散板产业主要以江苏省、浙江省和上海市为核心区域；环渤海地区的扩散板产业主要以北京市、山东半岛为核心区域。

广东省依托于企业集群优势，以4029件专利申请量，高居榜首。广东作为中国经济较为发达的省份之一，拥有完善的产业链和技术积累，为扩散板技术的研发、生产和应用提供了良好的基础。

江苏省依托于沿海经济发展优势，以2356件专利申请，位居第二。随着人们对节能环保的重视程度不断提高，江苏省显示行业对于节能环保材料的需求也在增加，扩散板技术因其环保、节能等优势逐渐受到市场的青睐。

北京市因产业基础和研发实力相对较好，高校科研院所相对较多，以1139件专利申请排在第四。北京市聚集了大量的人才和科技资源，为扩散板技术的研究、开发和应用提供了充足的人力、物力支持。

与东部发达地区相比，西部地区在显示等领域的产业基础可能相对较弱，缺乏成熟的产业链和市场需求，导致扩散板技术发展缓慢。西部地区可增加科技投入、加强科技人才培养和引进，建立健全的技术创新和转移机制，加强与东部地区和国际上的科技合作等，以推动西部地区扩散板技术的发展与应用。

3.3.2　重点省市专利申请趋势

图3-3-3展示了广东、江苏、浙江、北京、安徽五个省市扩散板产业专利申请的趋势。可以看出，在2003年之前，只有少量省市申请了专利，自2003年各省市开始启动扩散板技术的研发。广东起步较早，2004年广东申请量达到了15件；北京自2006年开始增长；江苏则是到了2008年才开始增长；安徽起步较晚；浙江在2011年申请量为26件，自此开启了稳步增长之态。

2003—2013年，广东、江苏、浙江、北京、安徽五省市的专利申请量都呈现了增长态势。广东省以494件专利申请量排在首位，是排在第二位江苏省的2倍多。广东省和江苏省有着活跃的研发氛围和创新生态系统。安徽省虽然起步较晚，但是在2013年的专利申请量便达到了54件，是2012年专利申请量的7倍多，说明安徽也有着强烈的创新意识，这种创新意识促使安徽企业在扩散板技术领域进行不断的探索和实践。

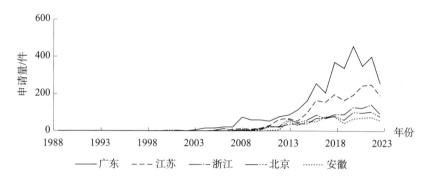

图3-3-3　中国前五省市扩散板专利申请趋势

2013年后，广东、江苏两省的专利申请量呈现了快速增长态势，2013年到2020年平均增长速率分别达到了20.19%、14.67%，逐渐跟其他省市拉开了距离。早在2012年，《广东省战略性新兴产业发展"十二五"规划》就明确提出，要把培育和发展战略性新兴产业作为转变经济发展方式、推动产业结构升级的重要任务。新材料是国民经济发展的先导，是重要的战略性新兴产业。加快培育和发展新材料产业，对于引领材料工业的转型升级、支撑战略性新兴产业发展、保障国家重大工程建设、构建国际竞争新优势具有重要的战略意义。2017年8月发布《广东省战略性新兴产业发展"十三五"规划》，指出要"坚持创新驱动。统筹推进制度创新、管理创新、模式创新，深入实施创新驱动发展战略，弘扬企业家创新精神，着力提升原始创新、集成创新、引进消化吸收再创新的综合能力，加快掌握自主知识产权的关键核心技术，加速集聚引领产业发展的高端人才，强化企业创新主体地位，不断增强科技成果转化能力"。2019年1月，广东省人民政府印发《关于进一步促进科技创新若干政策措施的通知》（粤府〔2019〕1号）。2020年10月，广东省发布《广东省培育前沿新材料战略性新兴产业集群行动计划（2021—2025年）》。这些政策大大推动了当地扩散板技术的研发、创新，使得广东省的专利申请量呈现了高速增长的态势；另外，广东省的龙头企业在扩散板技术发展中起到了重要的引领作用，比如广东省的TCL集团、隆利科技、中山市思维家具照明有限公司、创维数码等。

2016年8月25日，江苏省政府发布了《关于加快推进产业科技创新中心和创新型省份建设若干政策措施的通知》（简称江苏省创新"40条政策"），引起了社会各界的广泛关注。2017年为强化企业创新主体地位，把实体经济作为推动创新的主战场，江苏省财政厅会同省科技厅、国税局、地税局联合印发《江苏省企业研究开发费用省级财政奖励资金管理办法》，江苏省出台若干政策推进高新技术企业高质量发展，为当地的扩散板技术提供政策引导和扶持，鼓励企业加大技术创新和产品研发投入，推动扩散板技术产业健康发展，随着对节能环保材料需求的增加，江苏省的扩散板技术产业将进一步扩大。苏州星烁纳米科技有限公司、康得新、苏州大学、南京理工大学、东南大学、南京邮电大学、苏州三鑫、稳晟科技、亚玛顿公司助力了江苏扩散板技术的发展。

3.3.3 重点省市专利技术构成

图3-3-4展示了广东、江苏、浙江、北京、安徽五个省市扩散板专利技术构成。表3-3-1详细列出了扩散板技术涉及的分类号及其含义。

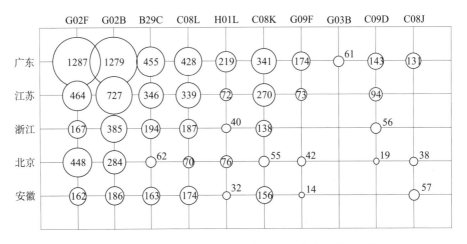

图3-3-4 中国前五省市扩散板专利技术构成（单位：件）

表3-3-1 扩散板技术涉及的分类号及其含义

分类号	分类位置技术主题
G02F	通过改变所涉元件介质的光学性质来控制光的光学装置或布置
G02B	光学元件、系统或仪器
B29C	塑料的成型或连接；塑性状态材料的成型
C08L	高分子化合物的组合物

续表

分类号	分类位置技术主题
H01L	半导体器件
C08K	使用无机物或非高分子有机物作为配料
G09F	显示、可变指示
G03B	摄影、放映或观看用的装置或设备
C09D	涂料组合物
C08J	有机高分子化合物的加工

从图3-3-4可以看出，广东、江苏、浙江、北京、安徽五个省市专利申请所属技术领域较多的分别为G02F（通过改变所涉元件介质的光学性质来控制光的光学装置或布置）、G02B（光学元件、系统或仪器）、B29C（塑料的成型或连接；塑性状态材料的成型）、C08L（高分子化合物的组合物）、C08K（使用无机物或非高分子有机物作为配料）。从分类号所体现的发明信息可以看出，五省市的技术创新热点在扩散板结构、材料、工艺三方面均有涉及，表明产业链相对完备，有利于扩散板产业发展。其中，扩散板结构方面的技术创新表现主要体现在提高光的均匀性、减少眩光和反射、增加光路长度以及调节光学器件性能等方面，对于提高液晶显示的性能具有重要作用。此外，扩散板结构的技术改进还体现在微纳米结构设计、光学器件集成化以及环保节能等方面。

对比五省市的专利技术创新热点，广东省在扩散板结构、材料、工艺三方面的创新活力均明显高于其他省市，尤其扩散板结构（G02F、G02B）的专利申请量是江苏的2倍、北京的3倍多。江苏、浙江、安徽三省在产业链布局上较为均衡。相比之下，北京的扩散板产业在材料和工艺方面的创新活跃度相比其他四省市有较大差距，某种程度上将制约北京扩散板产业发展，需要着力加强产业链的强链补链工程。

3.4 中国专利申请人竞争分析

本小节对扩散板技术在华布局专利的申请人进行分析，包括中国专利主要申请人排名和申请人类型分析。

3.4.1 中国专利创新主体排名

如图 3-4-1 所示，扩散板技术在华专利申请量前 20 位申请人中，企业占据全部 20 个席位。排名前三位的分别是韩国的全球知名科技巨头三星集团（534 件）、中国的京东方集团（527 件）和 TCL 集团（433 件）。排名第一位的三星集团的在华专利申请量为 534 件，作为一家综合性的电子企业，其在液晶显示技术领域有着丰富的经验和技术积累，三星集团进行扩散板相关技术的研究和开发，主要致力于提高扩散板的光学性能、耐久性和生产效率，并将扩散板应用于其生产的液晶电视、显示屏等产品中，以提高产品的显示效果和竞争力。

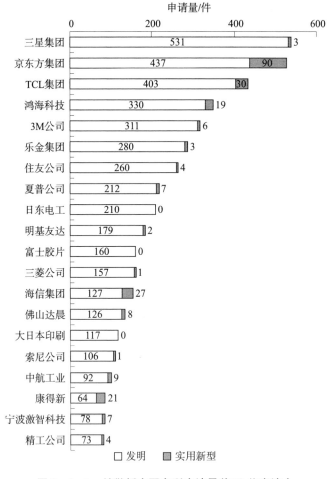

图 3-4-1　扩散板中国专利申请量前 20 位申请人

排名第二位的京东方集团的中国专利申请量为 527 件。京东方集团作为一家具有强大研发实力和全球影响力的液晶显示器件制造商，在扩散板领域进行了一定的研究、生产和应用，其在扩散板领域的发展与其液晶显示技术和产品布局密切相关。

排名第三位的 TCL 集团的中国专利申请量为 433 件。TCL 集团主要以电视、家电和智能手机等消费电子产品为主导业务，随着液晶显示技术的发展和市场竞争的加剧，TCL 集团作为一家在显示技术领域有所积累和有影响力的企业，也在扩散板领域进行一定的研究和布局，以提高其产品的竞争力和市场地位。

从国别上来看，国外申请人中，日本企业占据多数，包括住友公司、日东电工、夏普公司、富士胶片、三菱公司、大日本印刷、索尼公司 7 家日本企业。7 家日本企业在华专利申请量为 1235 件，占扩散板技术中国专利申请量前 20 位申请人申请量的 26.59%，足见日本企业对中国市场的重视。韩国企业除三星集团外，还有乐金集团，韩国虽然只有两家公司排入前 20 位，但中国专利申请量可观，三星集团和乐金集团的中国专利申请量为 817 件，具有非常强的技术研发能力。前 20 位中，唯一的美国企业 3M 公司，也在中国布局了大量扩散板技术相关专利，其申请量排名第五位，为 317 件。作为一家在材料科学、光学技术等领域具有丰富经验的公司，3M 公司在扩散板技术方面进行了研究和开发。

中国企业中，京东方集团、TCL 集团和鸿海科技位列前 5 名。其中作为全球领先的液晶面板和显示技术提供商之一的京东方集团位列第二，体现了其在国内市场的影响力。京东方集团、TCL 集团和鸿海科技三家企业的中国专利申请量为 1309 件，占扩散板中国专利申请量前 5 位申请人申请量的 60.60%，占扩散板技术中国专利申请量前 20 位申请人申请量的 28.69%，体现了中国在扩散板领域的创新能力，也体现了这三家公司在该领域的强大科研创新能力。除位列前 5 的京东方集团、TCL 集团和鸿海科技外，明基友达（即友达光电股份有限公司）也排进前 10 位。

从专利申请类型来看，发明专利居多，实用新型专利申请量较多的企业有京东方集团、鸿海科技、TCL 集团和海信公司。

3.4.2 重点技术创新主体排名

图 3 - 4 - 2 展示了扩散板技术各级技术分支中国公布专利的前 10 位申请

人专利数量排名情况。鸿海科技和京东方集团在扩散板结构三个分支的中国专利申请量均较多。值得一提的是，鸿海科技在扩散板其他微结构、扩散板内结构分支的中国专利申请量分别位列第一、第二；京东方集团在扩散板内结构、扩散板微透镜阵列结构的中国专利申请量分别位列第一、第二。鸿海科技是全球最大的电子代工制造商之一，作为液晶显示器领域的领先企业之一，在扩散板结构，尤其是扩散板其他微结构、扩散板内结构领域都开展了大量的研究工作。京东方集团作为液晶显示领域的领军企业之一，在液晶显示器件的设计、制造和应用方面拥有丰富的经验和技术实力。京东方集团通过优化扩散板的结构设计，尤其是优化扩散板内结构和扩散板微透镜阵列结构设计，以提高显示器的光学性能和显示效果，包括对扩散板的厚度、表面形态、光学特性等方面的设计优化。

三星集团、京东方集团、乐金集团重点布局在于微透镜阵列和扩散板内结构，明基友达重点布局在于扩散板其他微结构和扩散板内结构。3M 公司在三个分支上的中国专利申请量均等，但不及鸿海科技和京东方集团。颖台科技专利布局重点在于扩散板其他微结构技术。扩散板工艺的技术分支中，住友公司均布局有较多专利。3M 公司在挤出成型、涂覆成型、压印成型和后处理技术上的中国专利申请量均较多。

扩散板材料方面，住友化学株式会社在七个有机和无机传统扩散剂材料上的专利布局均较多，三星集团和鸿海科技在除有机硅之外的六种传统材料上也有较多专利。在新材料技术创新上，采用传统量子点技术的扩散板相关专利最多的是 TCL 集团，中国专利申请量为 248 件，其次是三星集团，其采用传统量子点技术的扩散板的中国专利申请量达到 217 件，约占其在华专利申请量的 35.11%，表明量子点技术是三星集团目前开发扩散剂材料的重点研发方向。在传统量子点扩散板技术上，国内的京东方集团、深圳阜时、海信公司、苏州星烁纳米科技有限公司也都申请了较多专利，国外公司中除了三星集团，3M 公司也排进前 10位。钙钛矿量子点技术是一种新兴的纳米材料技术，钙钛矿材料具有优异的光电性能，如具有较高的光吸收系数、长寿命的载流子、高载流子迁移率等特点，作为新一代量子点材料，钙钛矿量子点技术也已被多家公司应用到扩散板技术中，包括 TCL 集团、苏州星烁纳米科技有限公司、致晶科技（北京）有限公司、住友化学株式会社、北京理工大学、明基友达，这些企业或高校均在研究和开发钙钛矿量子点技术，并且在这一领域处于领先地位。

扩散板其他微结构

鸿海科技	98
明基友达	77
京东方集团	60
TCL集团	57
3M公司	50
中强光电	34
工研院	30
颖台科技	28
深圳阜时	22
奇美实业	21

扩散板微透镜阵列结构

三星集团	167
京东方集团	144
乐金集团	114
鸿海科技	108
3M公司	86
TCL集团	80
日东电工	76
夏普公司	75
精工公司	56
佛山达晨	54

扩散板内结构

京东方集团	194
鸿海科技	185
三星集团	141
TCL集团	131
乐金集团	105
夏普公司	98
住友公司	87
3M公司	70
佛山达晨	64
明基友达	48

挤出成型

住友公司	71
金发科技	62
四维照明	59
3M公司	40
三菱公司	37
陶氏杜邦	37
拜耳公司	32
伊士曼公司	32
颐世保塑料	31
杰事杰新	30

涂覆成型

佛山达晨	57
3M公司	44
富士胶片	41
住友公司	38
三菱公司	34
中国航天	33
宁波激智	32
三星集团	31
中国航天	31
康得新	30

压印成型

住友公司	49
3M公司	42
三菱公司	40
鸿海科技	36
三星集团	31
大日本印刷	19
陶氏杜邦	19
富士胶片	16
索尼公司	14
伊士曼公司	14

注塑成型

鸿海科技	42
三菱公司	29
伊士曼公司	26
住友公司	17
北京化工大学	12
三菱公司	12
奇美实业	11
帝人公司	11
三星集团	11
积水化成	11

后处理

日东电工	120
3M公司	80
住友公司	74
乐金集团	53
富士胶片	52
三星集团	50
大日本印刷	40
佛山达晨	31
鸿海科技	29
中国航天	25

丙烯酸

鸿海科技	64
住友公司	38
三星集团	38
京东方集团	28
佛山达晨	28
中国航天	25
TCL集团	23
康得新	22
航天彩虹	21
东友精细化工	19

有机硅

住友公司	30
苏州三鑫时代	13
富士胶片	10
惠州创亿达	10
三星集团	9
出光公司	9
可乐丽公司	8
金发科技	8
中国航天	8
佛山达晨	8

聚乙烯

住友公司	26
鸿海科技	21
三星集团	18
京东方集团	17
中国航天	17
苏州三鑫	16
佛山达晨	16
南通创亿达	14
东材科技	13
康得新	12

二氧化钛

鸿海科技	62
三星集团	52
东友精细化工	28
乐金集团	28
京东方集团	27
住友公司	26
TCL集团	20
帝人公司	14
华星光电	13
佛山达晨	12

硫酸钡

住友公司	19
三星集团	18
吴明番	8
苏州星烁纳米	7
鸿海科技	7
乐金集团	6
宁波激智	6
佛山达晨	5
木本加工	5
DIC公司	4

二氧化硅

鸿海科技	64
住友公司	44
京东方集团	28
TCL集团	20
东友精细化工	19
三星集团	17
苏州三鑫时代	16
颖台科技	13
佛山达晨	12
中国航天	11

碳酸钙

住友公司	22
三星集团	20
帝人公司	16
鸿海科技	9
乐金集团	6
东莞轩朗	5
北京化工大学	5
宁波激智	5
帝人科技	5
木本加工	5

传统量子点扩散板

TCL集团	248
三星集团	217
京东方集团	180
海信公司	71
苏州星烁纳米	64
聚飞光电	52
3M公司	50
深圳阜时	45
纳米科技	41

钙钛矿量子点扩散板

TCL集团	23
苏州星烁纳米	23
致晶科技	21
住友公司	17
北京理工大学	13
凡泰姆股份公司	9
明基友达	8
深圳扑浪	8
北航合肥创新研究院	8
京东方集团	7

图 3-4-2 各级技术分支中国专利申请量前 10 位申请人排名（单位：件）

3.4.3 中国创新主体类型分析

图3-4-3对比了扩散板技术中国公布专利的申请人类型分布情况。扩散板技术的申请人以企业为主，且企业申请人占比高达88.15%，说明扩散板技术是典型的产业应用主导技术，体现了扩散板领域企业在技术创新、商业化应用和市场导向方面的主导地位。

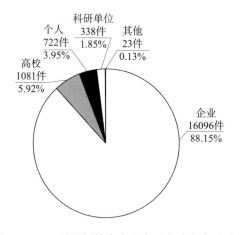

图3-4-3 扩散板技术中国专利申请人类型对比

图3-4-4分析了扩散板技术中国专利排名前10位的高校的专利申请热点，可以看出福州大学在扩散板材料和扩散板结构上有较多专利成果，尤其是量子点光学膜技术。华南理工大学重点研究扩散板工艺和扩散板材料，表明其在能源、材料科学等领域有深入的专业知识和技术实力，通过对扩散板工艺和材料的研究，为相关领域的技术创新和产业发展提供支撑和推动。清华大学作为中国顶尖的综合性大学之一，在科研领域有着广泛的覆盖和深厚的积淀，且在扩散板结构领域有着显著的专业优势和研究实力，36件专利中，有18件是与鸿海科技集团合作申请，有1件是与常州丰盛光电科技股份有限公司合作申请，可见清华大学的扩散板技术已经走向产业化。

高校申请人	扩散板结构	扩散板工艺	扩散板材料
华南理工大学	5	21	22
福州大学	45	2	36
南京理工大学	1	1	1
苏州大学	38	10	6
华中科技大学	2	0	3
吉林大学	0	0	1
东南大学	5	4	8
北京理工大学	2	4	17
南京邮电大学	0	1	2
清华大学	36	1	3

图3-4-4 扩散板技术中国专利前10所高校专利申请热点（单位：件）

3.5 中国专利法律状态及运营分析

本小节对扩散板技术的中国公布专利的法律状态及运营情况进行分析，包括专利授权分析、有效专利分析、运营分析，其中运营分析涉及许可、转让、质押三个维度。

3.5.1 中国专利授权分析

如图3-5-1所示，2001—2020年，扩散板技术的中国发明专利授权量整体呈上升趋势，尤其是2018—2020年增速明显，年均增长率为47.83%，表明该领域目前技术革新较快。23年间专利授权总量为4791件，其中国内申请人授权总量为2465件，占比51.45%，国外申请人在华授权总量为2326件。

2001—2007年专利授权总量逐年小幅递增，至2008年才超过百件，其中国外申请人在华授权量超过八成。2008年国内申请人授权量大幅提升，由2007年的15件增至64件。其中鸿富锦精密工业（深圳）有限公司有24件，友达光电股份有限公司有18件，鸿海精密工业股份有限公司有17件。2008—

2014 年，国内申请人授权量基本维持在 70 件左右，而国外申请人在华授权量基本维持在 140 件左右，国外申请人在华授权量仍占较大比重。

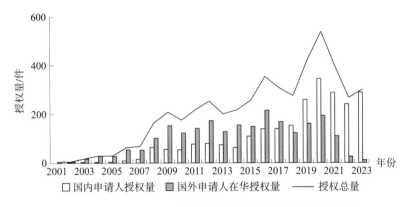

图 3 – 5 – 1   2001—2023 年扩散板技术中国发明专利授权量

2015 年起，国内申请人授权量持续走高且增幅明显，2018 年首次超过国外申请人在华授权量（123 件），至 2020 年达到 346 件。表明近些年我国在扩散板技术及钙钛矿量子点技术上的创新实力已得到明显增强，并逐年拉大与国外申请人在华授权量的差距。2018—2021 年，国内外申请人授权量之差分别为 30 件、99 件、152 件、179 件。2018—2021 年国内申请人发明专利授权量为 997 件，其中排名前 5 位的分别是京东方科技集团股份有限公司（72 件）、TCL 科技集团股份有限公司（32 件）、深圳市华星光电技术有限公司（28件）、华中科技大学（25 件）、福州大学（23 件）。

近 10 年国外申请人在华授权量，如图 3 – 5 – 1 所示，在 2016 年达到最高值（216 件）之后，先降再升，形成一个明显的 V 字。2020 年为 194 件，数量上还维持在较高水平，2001—2020 年国外申请人在华授权量总体高于国内申请人授权量，尽管近两年国内申请人的年授权量已经超过国外申请人，然而国外申请人对于国内企业的技术优势还将继续保持一段时间。2020 年后扩散板及钙钛矿量子点中国发明专利授权量有所下降。

3.5.2   中国有效专利分析

图 3 – 5 – 2 展示了扩散板技术中国公布专利有效性情况。扩散板技术在中国授权的专利总量为 9456 件，占中国专利申请总量（20632 件）的 45.83%，

其中发明授权量为6883件，实用新型授权量为2573件。

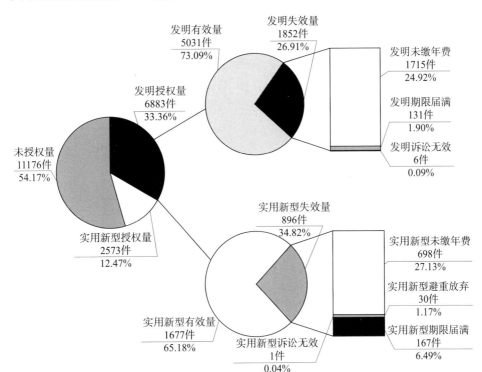

图 3 - 5 - 2　扩散板技术中国专利有效状态

在授权的专利中，有效专利总量为6708件，占到授权专利总量的70.94%。其中发明专利有效量为5031件，实用新型专利有效量为1677件。授权的发明专利中目前有26.91%的专利已经失效，这些失效专利基本是由于未继续缴纳年费而丧失专利权，此外还有131件发明的保护期限届满，6件因诉讼无效。

实用新型授权专利中，目前有34.82%的专利已经失效。其中占实用新型授权量27.13%的专利因未及时缴纳专利年费而丧失专利权；1.17%的实用新型专利为避免与相同申请的发明专利重复授权而丧失专利权；有167件实用新型专利因保护期限届满而失效，说明实用新型专利的保护作用得到了充分的利用。此外，还有1件实用新型专利由于侵权问题而放弃专利权，更加说明实用新型专利对于该领域相关产品具有较强的保护力度。

对因未缴年费而失效的发明和实用新型专利的保护期限进行进一步统计分

析，如图 3 - 5 - 3 和图 3 - 5 - 4 所示。未缴费失效发明专利中，88.05% 来自企业，其平均保护期限约为 9.93 年；7.40% 来自高校，其平均保护期限约为 5.67 年；1.86% 来自科研单位，其平均保护期限约为 9.81 年。未缴费失效实用新型专利中，75.10% 来自企业，其平均保护期限约为 4.21 年；2.84% 来自高校，其平均保护期限约为 3.09 年；10.84% 来自个人，其平均保护期限约为 3.71 年。

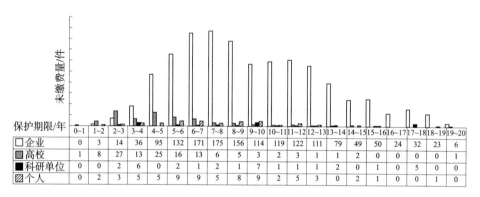

保护期限/年	0~1	1~2	2~3	3~4	4~5	5~6	6~7	7~8	8~9	9~10	10~11	11~12	12~13	13~14	14~15	15~16	16~17	17~18	18~19	19~20
□企业	0	3	14	36	95	132	171	175	156	114	119	122	111	79	49	50	24	32	23	6
▨高校	1	8	27	13	25	16	13	6	5	3	2	3	1	1	2	0	0	0	0	1
■科研单位	0	0	2	6	0	2	1	2	1	7	1	1	1	2	0	1	0	5	0	0
▨个人	0	2	3	5	5	9	5	7	8	2	5	3	0	2	1	0	0	1	0

图 3 - 5 - 3　扩散板技术未缴费中国发明专利维持年限分布

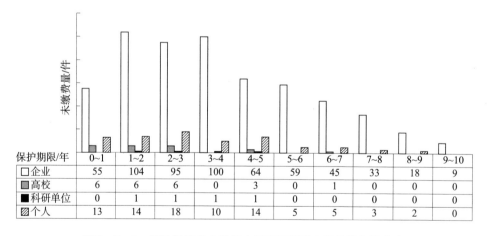

保护期限/年	0~1	1~2	2~3	3~4	4~5	5~6	6~7	7~8	8~9	9~10
□企业	55	104	95	100	64	59	45	33	18	9
▨高校	6	6	6	0	3	0	1	0	0	0
■科研单位	0	1	1	1	1	0	0	0	0	0
▨个人	13	14	18	10	14	5	5	3	2	0

图 3 - 5 - 4　扩散板技术未缴费中国实用新型专利维持年限分布

具体地，企业的发明专利保护期限主要集中在 4～14 年，实用新型专利保护期限主要集中在 2～5 年。高校的发明专利保护期限主要集中在 1～5 年，实用新型专利保护期限主要集中在 1～3 年。科研单位的发明专利保护期限主要集中在 5～9 年，实用新型专利的保护期限主要集中在 3～5 年。相比之下，不管是发明专利还是实用新型专利，高校的专利保护期限均比企业和科研单位短，其原因可能主要在于专利的维持费用较高，高校难以维持大量专利的有效性。面对这一问题，高校应尽可能加速专利技术转化，通过转让、许可等方式获取专利收益，从而补充研发经费和专利维持费用支出，形成良性循环。

3.5.3 中国专利运营分析

3.5.3.1 中国专利许可

扩散板技术中国公布专利许可总量为 93 件，其中发明专利 80 件，实用新型专利 13 件。2006—2023 年逐年变化趋势如图 3－5－5 所示，2006 年到 2020年间除 2013 年许可专利量达到 10 件及以上之外，其余年份基本维持在 5 件左右，无明显变化趋势，而 2021 年和 2023 年分别达到了 28 件、15 件，专利许可量的多少可以反映出专利权人对其专利技术的开放程度以及市场的需求情况，高专利许可量意味着专利技术的广泛应用和市场认可，同时也意味着专利权人在市场中获取了更多的收益。而低专利许可量可能表明专利技术的应用范围有限，市场对该技术的需求较低。

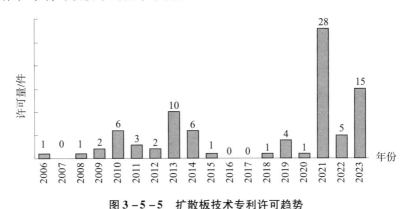

图 3－5－5　扩散板技术专利许可趋势

如图 3－5－6 所示，102 件专利中，78.43% 的许可人为企业，企业许可人可以实现专利技术的商业化利用，拓展产品或服务的市场范围，增加收入来源，同时也可以促进专利技术的广泛应用和推广。排名前三的许可人分别是宁波长阳科技股份有限公司（20 件）、日立显示器株式会社（11 件）、张家港康得新光电材料有限公司（4 件）。其中宁波长阳科技股份有限公司的 20 件专利许可给了宁波长隆新材料有限公司，日立显示器株式会社的 11 件专利许可给了京东方科技集团股份有限公司，张家港康得新光电材料有限公司的 4 件专利许可给张家港保税区康得菲尔实业有限公司，胜华科技股份有限公司的 4 件专利许可给东莞万士达液晶显示器有限公司。

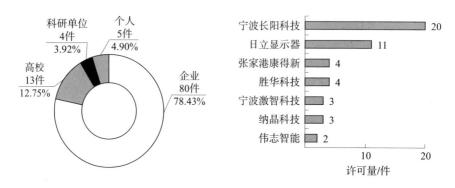

图 3 - 5 - 6　扩散板技术中国专利许可人类型及许可人排名

专利许可的种类可分为独占许可、排他许可、普通许可。独占许可是指许可方规定被许可方在一定条件下独占实施其专利的权利，这种许可的特点是许可人本人也不能使用这项专利，同时也不能向任何第三方授予同样内容的许可；排他许可是指许可人不在该地域内再与任何第三方签订同样内容的许可合同，但许可人本身仍有权在该地域内使用该项专利；普通许可也称非独占性许可，是常见的专利许可方式，即许可人在允许被许可人使用其专利的同时，本人仍保留着该地域内使用其专利的权利，同时也可以将使用权授予被许可人以外的第三人，普通许可适用于希望扩大专利的利用范围和增加专利价值的情况，而排他许可则适用于希望在特定领域内保持技术优势和控制市场的情况。图 3 - 5 - 7 展示了扩散板技术专利许可类型占比情况，普通许可占许可总量的 25.49%，独占许可占 65.69%，排他许可占 8.82%，可以看出独占许可比重较大，独占许可可以帮助专利权人在特定领域内控制专利的使用，保护自己的技术优势，从而在市场上保持竞争优势，对于被许可方来说，独占许可能提供独家使用专利的机会，从而在市场上获得更大的利益和竞争优势。

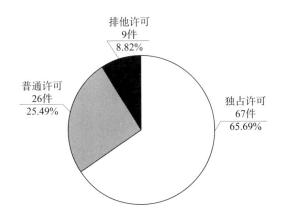

图 3 - 5 - 7　扩散板技术专利许可类型分布

3.5.3.2　中国专利转让

专利转让是指专利权人将其所拥有的专利权利转让给他人的行为，相比专利许可，显示用扩散板技术的专利转让市场更加活跃，转让专利共计1593 件，其中发明 1315 件，实用新型 278 件。通过专利转让，专利权人可以将自己不需要或不打算自行利用的专利技术转让给其他对该技术有兴趣或有能力进行开发和利用的企业或个人，实现专利技术的最优化配置和价值最大化。同时，专利转让也为购买方提供了获取先进技术、拓展业务范围、提高竞争力的机会。图 3 - 5 - 8 展示了专利转让量的变化趋势，第一件转让专利是关于具有可控的散射/透射特性的光学层压制品的，由瑞士的克拉瑞特国际有限公司于 2005 年 3 月 18 日转让给日本的 AZ 电子材料（日本）株式会社，AZ 电子材料（日本）株式会社又于 2006 年 10 月 20 日将其转让给日本的巴川制纸所。

2005—2011 年专利转让量基本呈逐年小幅上升趋势，2012 年专利转让量增至 85 件。2012 年之后，除 2014 年仅有 24 件转让外，专利转让量相对稳定在 100 件左右。其中 2017 年、2019—2023 年每年都超过了 100 件，专利转让越来越活跃，专利转让活跃有助于促进技术产业应用和创新发展，最大化知识产权价值，提高市场竞争优势，降低研发成本，拓展业务范围和增加收入来源。

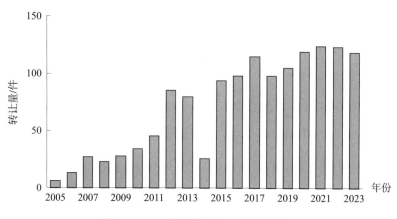

图 3 - 5 - 8　扩散板技术专利转让趋势

　　从专利转让人类型来看，企业占据了主体地位，占到 83.97%。从图 3 - 5 - 9 的转让人排名来看，也能明显看出前 10 位转让人全部都是公司，且国外企业居多，如前 4 位的三星电子株式会社（59 件）、通用电气公司（30 件）、皇家飞利浦有限公司（29 件）、三菱化学株式会社（27 件）。前 10 位转让人中，国内企业转让最多的是北京京东方光电科技有限公司，共 23 件，不过这 23 件仅是在其集团内进行转让，不构成与其他受让人的技术转让。科研单位和高校的专利转让量仅有 118 件，占总量的 7.27%，其中较多的是北京理工大学 4 件、伊利诺伊大学 3 件、浦项工科大学 3 件。北京理工大学的 4 件转让专利涉及钙钛矿量子点技术，其中，致晶科技（北京）有限公司作为北京理工大学钙钛矿量子点技术的产业化平台企业，以作价入股形式受让其中 2 件核心专利。其余 2 件分别于 2019 年转让给京东方科技集团股份有限公司 1 件，于 2017 年转让给深圳 TCL 新技术有限公司 1 件，不难看出，国内两家显示巨头企业早期钙钛矿量子点技术均与北京理工大学相关。在此基础之上，北京理工大学可继续开展相关技术的专利布局以及专利运营，相关团队和产业化平台企业〔致晶科技（北京）有限公司〕进一步建立与 TCL、京东方集团等客户的长期合作关系，以提升专利转化力度。

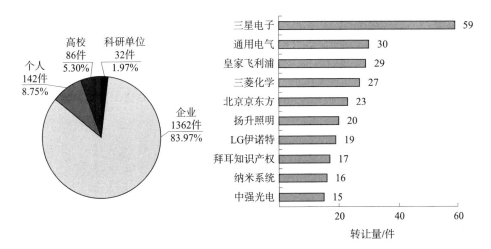

图 3 - 5 - 9　扩散板技术专利转让人类型及主要转让人

3.5.3.3　中国专利质押

专利权质押，是指为担保债权的实现，由债务人或第三人将其专利权中的财产权设定质权，专利权人将自己拥有的专利作为抵押物向金融机构或其他投资者借款的行为，在债务人不履行债务时，债权人有权依法就该设质专利权中的财产权的变价款优先受偿的担保方式。专利权质押允许专利权人利用其拥有的专利权获得资金，而不必出售专利或转让专利所有权，相比于出售专利或转让专利权，专利权质押可以降低风险，保留了专利技术的长期利益，但同时专利质押也存在一定的风险，例如贷款未能按时还款可能导致专利被拍卖，丧失所有权等，因此，在进行专利权质押时，专利权人需要谨慎评估风险，并选择合适的贷款方和合同条款。扩散板技术的质押专利共计 74 件，其中发明专利48 件，实用新型专利 26 件。

从质押年份上来看，如图 3 - 5 - 10 所示，扩散板技术领域第一件质押专利是 2013 年 9 月 26 日，由出质人广州市聚赛龙工程塑料有限公司向招商银行广州滨江东支行申请质押贷款获批。2014 年聚赛龙工程塑料有限公司又以 3件发明专利向招商银行申请质押贷款获批。之后深圳市飞瑞斯科技有限公司、翰博高新材料（合肥）股份有限公司、深圳市科聚新材料有限公司、青岛骐骧光电科技有限公司也都相继开展了扩散板技术相关专利的质押融资。2018年之后专利权质押数量呈现上升趋势，2019 年成功质押 14 件专利，2020 年质押 17 件专利，2021 年质押 11 件，此后 2022 年和 2023 年呈现下降趋势。

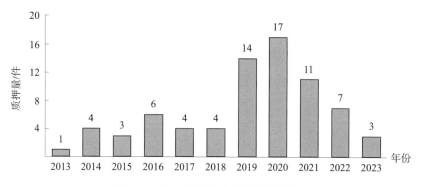

图 3-5-10　扩散板技术专利质押趋势

质押专利数量虽然不多，但从逐年上升趋势来看，创新主体对扩散板专利的运营意识不断增强，从质权人来看，北京银行股份有限公司深圳分行最多，批准 5 件专利质押贷款，其由深圳市华星光电技术有限公司于 2019 年质押，专利技术主要涉及扩散板技术。

如图 3-5-11 所示，扩散板技术领域专利出质人前 9 位包括广东欧迪明光电科技股份有限公司、合肥乐凯科技产业有限公司、合肥泰沃达智能装备有限公司、深圳市华星光电技术有限公司、凯鑫森（上海）功能性薄膜产业股份有限公司、南通创亿达新材料股份有限公司、深圳市科聚新材料有限公司、广州市聚赛龙工程塑料股份有限公司、拓米（成都）应用技术研究院有限公司。由于扩散板技术相关专利的质押数量总体较少，单个出质人的质押专利数

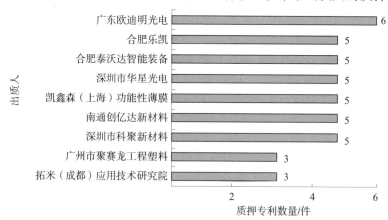

图 3-5-11　扩散板技术专利出质人前 9 位排名

量也较少，出质最多的广东欧迪明光电科技股份有限公司也仅有 6 件。74 件质押专利的出质人全部为企业，专利权质押可以提高企业的融资灵活性，增加融资渠道，有助于解决资金短缺的问题，此外从这 74 件专利的申请人来看，仅有 1 件是高校（暨南大学）申请。

综上所述，国内扩散板技术的专利转让量呈现出递增趋势，专利许可量波动变化较大、趋势不明显，专利质押起步较晚但也趋于逐年增长。从总量上来看，转让量较许可量和质押量高出一个数量级，表明转让是该领域专利运营最主要的方式。

从主体上来看，专利许可方面，专利许可人近八成是企业。专利转让方面，近九成的专利转让人是企业，北京理工大学是高校中转让专利量最多的转让人，表明北京理工大学在显示领域扩散板产业中的专利技术转化已初见成效。专利质押方面，专利出质人全部都是企业，不过高校通过专利转让而使受让人利用其专利进行质押融资已有先例，而科研单位在这一领域还是空白。

第4章 显示用扩散板关键技术分析

4.1 扩散板技术发展路线

技术路线图是对特定领域的技术发展历程的梳理，集中了该领域中集体的智慧和技术领先者的卓越构想，通常利用图形工具加以表达，从而构成该领域发展方向和发展可能的指导❶。专利作为发明创造的技术承载体，包含着丰富的技术信息，基于大量专利数据而制作的专利技术发展路线，可以清晰地展示技术发展的动态以及未来技术发展的趋势。

4.1.1 显示领域扩散板技术发展路线

通过对全球专利数据样本引用频次的统计排序，并结合显示领域扩散板产业发展状况，本书遴选出扩散板产业发展历程中具有代表性的 54 项专利，并梳理出扩散板技术发展路线，如图 4 - 1 - 1 所示。由于技术发展路线要表达的含义是技术首次问世并不断发展的过程，因此图中专利文献所选用的专利号均为该项专利首次申请的申请号，时间均为与申请号对应的申请日，即该项专利的最早申请日。

4.1.1.1 20 世纪六七十年代——液晶显示用扩散板技术初步发展

20 世纪 60 年代末，随着液晶显示器的问世，显示用扩散板技术随之发展，1969 年 1 月 3 日英国伦敦的帝国化学工业有限公司就在其申请的专利 GB1242331 中

---

❶ Galvin R. Science roadmaps [J]. Science, 1998 (280): 803.

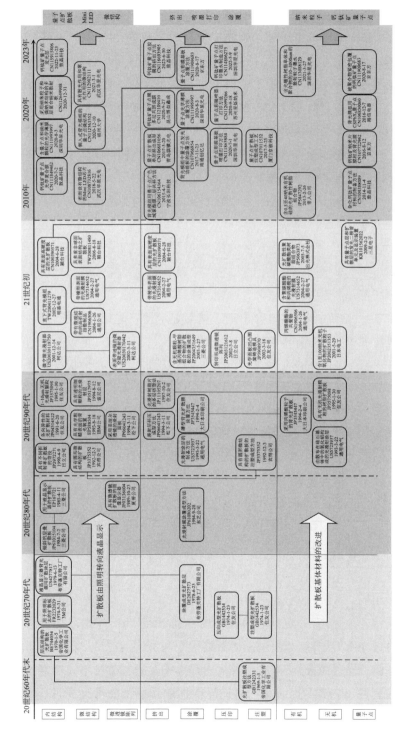

图 4-1-1 扩散板技术发展路线

首次公开了光扩散板注塑成型方法，随后，在此专利技术基础上于 1970 年 1 月 5 日又进一步申请了关于层压结构光扩散板的专利 BE744054。1974 年 1 月 23 日，日本的住友化学株式会社在英国申请了采用注塑和压制成型工艺制作扩散板的专利 GB1442534，同年 5 月 31 日，美国的 3M 公司在法国申请了关于照明标志上用的扩散板技术相关专利 FR2232029。1978 年 6 月 23 日，德国的布劳蓬克特工厂有限公司在其专利 DE2827573 中公布了光扩散层的涂覆成型方法，并进一步推出了液晶显示器背光源用扩散涂层（US4277817），完成了扩散板技术由照明领域向显示领域的拓展。这一时期，显示用扩散板材料与传统照明扩散板材料基本一致，相关专利仅是扩散板基材为适应液晶显示背板性能所进行的改进。

4.1.1.2 20 世纪八九十年代——扩散板结构技术在 90 年代快速发展

虽然在 20 世纪 70 年代末已经出现了液晶显示器背光用扩散板，但 80 年代的扩散板技术相关专利并不多，不过能明显看出，尽管液晶显示技术起源于英国，但日本的多家电子企业在 20 世纪 80 年代逐渐掌握了扩散板技术并进一步推进创新改进，比如三菱公司于 1984 年 7 月 2 日申请了一种倾斜的层叠扩散板专利 JP61015104，并在 1985 年 4 月 11 日于 EPO 递交了液晶显示器用扩散板的专利 EP167721；东芝公司也于 1984 年申请了关于光漫射膜涂覆成型方法的专利 JP61080202，此外，佳能、尼康、柯达、奥林巴斯等老牌相机制造商也都相继申请了扩散板技术相关专利。

20 世纪 80 年代末至 90 年代初，各大电子制造商在扩散板结构上表现出非常高的研发热情，扩散板结构技术得到快速发展。1989 年 10 月 23 日，日本的夏普公司率先推出了具有微透镜扩散板的图像显示器（JP03136004），扩散板微结构除了微透镜结构，又相继出现了规则微结构专利 JP3375352（宾得公司的圆形微结构扩散板）、不规则微结构专利 EP588504（IBM 公司的具有光学粗糙表面的背光装置）、表面颗粒物微结构专利 JP3517975（索尼公司的具有透明细颗粒的光漫射层）、菲涅尔透镜微结构专利 JP06041243（松下公司的采用菲涅尔透镜的漫射面板），而在扩散板内部结构上通过改变不同位置的折射率（日立公司的 JP2972271）、采用各向异性扩散（住友公司的 JP04314522）、缩小扩散粒子直径（住友公司的 JP3575098）等方式不断改进扩散板性能。在扩散板成型工艺方面，除涂覆（通用电气的 US5723937、大日本印刷公司的 JP3545447）和注塑（宾得公司的 JP3375352）工艺外还出现了挤压成型技术，如松下公司申请的漫射层挤压成型方法（JP06041243）以及住友公司申请的光漫射树脂片的多层挤塑法（JP11105207）。与成型工艺相对应所采用的材料也有了一定的改进，如通用电气在其光漫射层涂覆成型专利（US5723937）中所采用的材料是散布在硅石基体中的氧化铝，大日本印刷公司在其扩散板涂膜涂覆成型专利（JP3545447）中所采用的材料是丙烯酸粒子扩散剂，住友公司 1997 年 10 月 2 日申请的挤出成型专利（JP11105207）中所采用的材料正是其在 1995 年 1 月 30 日推出的 $1 \sim 10 \mu m$ 无机光漫射颗粒（JP3575098）。可以看出这一时期扩散板技术的发展仍然以日本企业为主导。

4.1.1.3 21 世纪初——扩散板材料向纳米技术发展

将二氧化硅、硫酸钡、碳酸钙等传统无机类扩散剂与树脂基体混合形成的扩散板虽然雾度能达到 90%，但由于无机扩散粒子的团聚现象而大大降低了光的透过率。为此，研制出共聚物类的有机扩散剂来提高透光率，如通用电气于 2004 年 1 月 26 日于中国申请的 CN1906506（丙烯酸酯的共聚物）和 2004 年 2 月 27 日于美国申请的 US7314652（聚碳酸酯和丙烯酸），日本的出光株式会社申请的 JP5063873（光扩散性聚碳酸酯类树脂组合物）。另外，缩小扩散粒子的尺寸也是提高透光率的有效措施，伴随着 21 世纪纳米技术的快速发展，无机扩散粒子纳米化成为现实，2001 年 5 月 29 日日本的日东电工株式会社申请了关于"含 1 至 100 纳米无机氧化物的扩散粒子"的专利（JP2002351353）。

2000 年后扩散板结构上又进一步出现了采用微孔实现扩散效果的专利技术，如柯达公司于 2001 年 12 月 14 日在美国申请的 US20030118750（微空隙光漫射器），并在此基础上研制出"表面带透镜的微空隙光漫射器"（US20030170442）。通用电气公司进一步改进了微结构的形状以提升折射率，如 CN1906506（带有微观结构的高折射指数制品）、US7314652（带棱形表面的光漫射膜），并相应提出了改进的挤出成型方法。其他成型工艺在此时期也伴随着结构和材料的改进而提出了新的专利，如三菱公司的含无机颗粒–甲基丙烯酸树脂组合物的扩散板的涂覆成型方法（JP2004351649）、日立公司的微透镜阵列的转印方法（JP2003121612）、住友公司的光学面板凹凸图案铸造模具（JP3908970）。

此外，明基电通、颖台科技、鸿海科技等中国台湾的电子企业也开始了扩散板技术的研发，比较有代表性的有明基电通股份有限公司的直下式背光模组（TW200411279）、颖台科技股份有限公司的具有表面高硬度层的光扩散板及其多层共挤压塑胶成型方法（CN100390571）和具多重非球面表面结构之扩散板（TW200811480），分别在扩散板结构上进行了技术改进。

4.1.1.4 2011年之后——量子点扩散板技术飞速发展

量子点作为纳米级别的半导体材料，具有优良的光学性能，被誉为"人类有史以来发现的最优秀的发光材料"。在显示领域最重要的应用就是量子点电视。它与传统液晶电视的不同之外主要在于采用了不同的背光源。2009年2月2日韩国的三星电子株式会社申请了以发光二极管作为显示模块背光源的专利（KR101562022），其通过在LED光源上设置扩散层和量子点层，增强了颜色的再现性和背光源寿命。

2011年之后，尤其是2015年之后，量子点扩散板技术飞速发展，各大扩散板厂商从工艺、材料、结构等不同方面进行量子点技术应用研究。基于量子点材料的成型工艺在此期间更是层出不穷，厂商大多是国内企业，如宁波长阳科技股份有限公司、青岛骐骥光电科技有限公司、南通创亿达新材料股份有限公司、厦门市京骏科技有限公司、昆山博益鑫成高分子材料有限公司、苏州星烁纳米科技有限公司、深圳市华星光电半导体显示技术有限公司等，从工艺类型上看，主要是单层挤出（青岛骐骥光电的CN106681056）、多层共挤（宁波长阳科技的CN106154364、昆山博益鑫成的CN112109410）、涂覆成型（南通创亿达的CN107966854、深圳市华星光电的CN111995997、京东方集团的CN111909683）、喷墨打印（苏州星烁纳米的CN112099266、深圳市华星光电的CN111863884和CN114806275），厦门市京骏科技有限公司还提出了量子点扩散板注塑成型工艺（CN107011532）。

基于钙钛矿的量子点材料优异的荧光性质和电子传导性能，其与扩散板结合，为显示领域扩散板产业带来了新的发展方向。北京理工大学的钟海政教授及其团队于2014年11月4日率先研发出高荧光量子产率杂化钙钛矿量子点材料（CN104388089）。2016年京东方集团（CN107722962）和海信电器（CN106830060）先后申请了用于背光源的钙钛矿量子点材料。2020 年 8 月，京东方集团又研发了被聚合物紧密包覆的钙钛矿量子点材料（CN111909683）。

伴随着量子点材料和工艺的发展，钙钛矿量子点光学膜相关专利也相继出现，比较有代表性的是致晶科技联合北京理工大学在 2020 年 7 月 2 日申请的 CN111849462（钙钛矿量子点光学复合膜）、福州大学在 2020 年 12 月 10 日申请的 CN112363352（侧入式背光模组的量子点微结构）、京东方集团在 2022 年 11 月 23 日申请的 CN115915806（钙钛矿量子点发光层）。

在量子点技术发展的同时，传统的无机和有机扩散粒子又进一步纳米化，如日本的帝人公司 2013 年在其专利 JP5847292 中提出一种含 0.5~40nm 有机硅的光扩散性树脂组合物。深圳市华星光电在 2021 年 3 月 27 日申请的专利（CN113088129）中提出一种粒径范围为 10~3000nm 的散射粒子墨水，深圳市华星光电在这之前也申请了采用量子点和纳米扩散粒子材料的光学薄膜的专利（CN111995997）。此外，常州丰盛光电科技股份有限公司也申请了采用纳米扩散粒子的专利，同时还公开了在多层复合纳米散射板上分布有纳米级微结构，使微结构技术进一步发展。

此外，除了量子点扩散板，Mini LED 扩散板成为扩散板结构另一个技术发展点，武汉华星光电技术有限公司在 2018 年 5 月 22 日申请了关于"表面设有微结构的 Mini LED 芯片"的专利，并在此技术上于 2021 年 3 月 1 日又进一步推出了具有散光作用和聚光作用的微结构（CN112902111），以减少扩散片以及棱镜片的使用，进而减薄了背光模块的厚度。

总体上看，显示用扩散板技术起源于 20 世纪六七十年代的欧洲，在八九十年代引入日本、韩国、美国，进入 21 世纪又拓展到中国并在中国大陆得到快速发展。如图 4-1-2 所示，显示用扩散板经历了从普通照明向液晶显示背光领域转变、日本企业引领的扩散板微结构技术、扩散粒子纳米化和有机扩散材料聚合化、拥有中国自主可控知识产权的钙钛矿量子点技术等四个发展历程。从目前专利技术发展趋势来看，未来量子点扩散板、Mini LED 扩散板、微结构将是结构发展的重点，挤出工艺、喷墨打印工艺、涂覆工艺是目前主流的量子点扩散板成型工艺，钙钛矿量子点和纳米扩散粒子是材料技术发展的主要方向。

图 4-1-2　显示领域扩散板技术发展历程

4.1.2　显示领域钙钛矿量子点技术发展路线

钙钛矿量子点具备高光致发光量子效率（PLQE > 80%），可以产生更高亮度的光；又拥有较宽的吸收光谱段和发射波长范围（400~800nm），可调节有机/无机夹层的能级，实现全彩发光。与传统的量子点相比，钙钛矿量子点用于制备新显示技术的色彩转换层更有益。

2014 年 11 月 4 日，北京理工大学钟海政教授及其团队申请的专利中，首次公开了利用配体辅助再沉淀技术获得了波长可调控的 $CH_3NH_3PbX_3$（X = Cl、Br、I）有机 - 无机杂化胶体量子点（CN104388089），最高荧光量子产率达到 70%，半峰宽在 20nm 左右，揭示了该材料在宽色域显示中极大的应用潜力。2015 年 5 月，钟教授团队对已有的钙钛矿量子点合成方法进行改进，实现了钙钛矿量子点在聚合物基质中的原位制备（CN104861958），解决了钙钛矿量子点溶液难于在背光显示等光电子器件中的应用问题，进而开启了钙钛矿量子点在显示领域的应用。

除了有机 - 无机杂化钙钛矿量子点材料外，全无机钙钛矿量子点是显示领域量子点技术的另一研究方向。2016 年 9 月，隆达电子股份有限公司在其申请的专利 TW201720909 中，公开了采用全无机钙钛矿量子点的波长转换材料以及量子点发光二极管（QLED），该材料获得了良好的量子效率，具有窄半宽度的发射光谱和良好的纯色质量。

钙钛矿量子点光学膜问世后，各扩散板企业对光学膜的光学性能不断进行改进。2017 年 8 月，张家港海纳至精新材料科技有限公司生产出具有偏振发光特性的钙钛矿量子点/聚合物复合薄膜（CN107383402），可以通过控制钙钛矿量子点/聚合物复合薄膜的拉伸比，实现对偏振发光膜的偏振度调节。2018 年 1 月，南通创亿达新材料股份有限公司采用共模挤出技术生产出具有三层结构的钙钛矿量子点光学功能片（CN108128004），提升了量子点光学片的耐水、耐高温、防划性能。2019 年 1 月由钟海政教授成立的致晶科技（北京）有限公司研制出实现大面积量子点图案化的图案化薄膜制备方法（CN111490144），该方法制备的图案化薄膜可以有效地隔绝水氧，且耐化学腐蚀。

由于纳米级的小尺寸和高表面活性，钙钛矿量子点的稳定性问题是阻碍显示面板可靠运行的主要障碍。2020 年 4 月，南通创亿达新材料股份有限公司利用分子筛致密包裹于钙钛矿量子点发光体表面，合成的量子点粉体（CN111454713）具有优良的阻水阻氧效果，提升了量子点的稳定性。2021 年 10 月，钟海政教授团队产业化平台企业致晶科技（北京）有限公司联合北京理工大学使用喷雾干燥的方法，原位制备了钙钛矿量子点/聚合物复合超微粉末材料（CN114437710），该超微粉末粒径小，结构表面致密，有利于抵御外部水氧的侵入，提升粉末的环境稳定性。在此基础上，2022 年 8 月，致晶科技（北京）有限公司又联合北京航空航天大学合肥创新研究院，研发了喷雾干燥–原位图案化制备发光基板的方法（CN117693264），在喷雾干燥制备钙钛矿量子点聚合物粉末的过程中，在粉末收集器中竖直放置开孔的图案化基板，在喷雾干燥制备粉末的过程中可直接进行原位填孔，通过金属掩模的方法制备出图案化双色发光基板，既提高了稳定性又提升了制备速度。2023 年 11 月，南通创亿达新材料股份有限公司又开发了新的量子点扩散板制备方法（CN117467223），利用有机分散剂碳链之间的距离，确保煅烧形成的钙钛矿量子点之间有一定间距并且均匀包裹有硅氮烷经煅烧形成的二氧化硅保护层，以提升量子点的稳定性，且制得的扩散板亮度衰减较少。

铅基卤化物钙钛矿量子点是目前显示领域使用最为广泛的量子点，但铅基卤化物钙钛矿量子点固有的铅毒性不利于环境的可持续发展。为此，南京信息工程大学于 2024 年 1 月研发出一种基于稀土掺杂的非铅钙钛矿量子点的显示背光模组（CN117939973），区别于传统的钙钛矿量子点光学膜，其不含铅元素，较为绿色环保，通过掺杂稀土离子，不仅提高了其发光光谱可调控性和发光量子产率，也提高了其稳定性，使其具有优良的发光性能。

纵观钙钛矿量子点在显示领域的发展历程如图 4-1-3 所示，从 2014 年钙钛矿量子点问世起，卓越的宽色域性能使其快速被应用于显示领域的光学膜片，并对其光学性能、稳定性能不断进行改进提升，同时通过图案化提升了制备速度，无铅无毒的钙钛矿量子点能实现可持续发展，促成了显示领域钙钛矿量子点的产业化道路。2021 年，TCL 集团发布首批搭载钙钛矿量子点的电视产品（75M10）；2023 年，佳能公司开发出一款高耐久性钙钛矿量子点墨水。随着钙钛矿量子点产业不断发展，"钙钛矿量子点"必将成为显示领域的"黑马"。

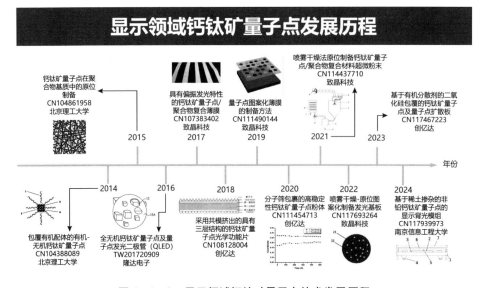

图 4-1-3　显示领域钙钛矿量子点技术发展历程

4.2　扩散板专利布局热点

本节从联合专利分类（CPC）的视角对扩散板结构、扩散板工艺、扩散板材料三个一级技术分支的专利布局热点情况进行分析。

CPC 分类表是欧洲专利局和美国专利商标局于 2013 年合作开发的专利分类体系，其沿袭了 IPC 分类体系的等级构架，相比 IPC 分类表，分类位置更加细化，是更加精准的专利检索工具。CPC 分类表每年会进行 4~5 次修订，因此其紧紧跟随技术发展的趋势，几乎每一项专利技术都可以在 CPC 分类表中找到相应位置，因此利用 CPC 分类号能够准确把握某一技术领域在一定时期内的专利布局热点，以期发现该领域的研发重点。

考虑到扩散板技术的快速发展，为充分体现近期专利布局热点，本小节统计的数据是申请日在 2016 年 1 月 1 日（含）之后的扩散板相关全球专利文献的分类结果。

4.2.1 扩散板结构专利布局热点

图 4-2-1 展示了扩散板结构相关全球专利的布局热点，即扩散板结构技术分支所有专利中分类频次排名前 10 位的 CPC 分类号，表 4-2-1 详细列出了图 4-2-1 所涉及的 CPC 分类号对应的技术含义。

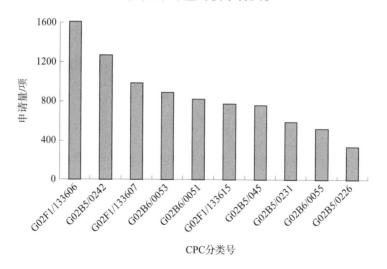

图 4-2-1　扩散板结构的专利布局热点

表 4 – 2 – 1　扩散板结构布局热点涉及的 CPC 分类号对应的技术含义

CPC 分类号	分类位置技术主题
G02F1/133606	液晶显示器照明装置的特殊适用的扩散、散射或光控制元件
G02B5/0242	借助于器件内部的分散颗粒实现光扩散的漫射元件或远焦元件
G02F1/133607	利用棱镜或透镜实现液晶显示器背光源的扩散、散射
G02B6/0053	利用棱镜片或棱镜层实现平面式光导或板状形式波导
G02B6/0051	利用散射片或散射层实现平面式光导或板状形式波导
G02F1/133615	液晶显示器的边缘照明设备，即从侧面照明的背光源
G02B5/045	棱镜阵列
G02B5/0231	表面有微棱镜或微棱锥形状的漫射元件或远焦元件
G02B6/0055	利用反射元件、片或层实现平面式光导或板状形式波导
G02B5/0226	表面有微粒物的漫射元件或远焦元件

扩散板结构专利申请的改进点主要集中在 G02B5/00、G02B6/00、G02F1/00 大组，涉及光学元件、光导以及控制光的强度、颜色、相位、偏振或方向的器件或装置。具体地，首先，有 1600 多项专利技术涉及 G02F1/133606（液晶显示器照明装置的特殊适用的扩散、散射或光控制元件），即多数扩散板相关专利都用于液晶显示器的背光源的扩散。其次，分入 G02B5/0242 的专利量达到 1269 项，G02B5/0242 表示借助于分散颗粒实现漫射的光学器件，表明扩散板主要通过内部的分散颗粒而实现光的扩散；除了分散颗粒外，利用棱镜或透镜阵列（G02F1/133607、G02B6/0053、G02B5/045、G02B5/0231）实现光扩散也是主要的技术手段；利用扩散板表面的微粒物实现漫射（G02B5/0226）的专利也有 300 多项。

总体来看，扩散板结构相关专利主要用于液晶显示器的背光源的光扩散，采用的技术手段主要是利用扩散板内部分散颗粒、扩散板表面棱镜或透镜阵列以及扩散板表面的微粒物。

4.2.2　扩散板工艺专利布局热点

图 4 – 2 – 2 展示了扩散板工艺相关全球专利的布局热点，即扩散板工艺技术分支所有专利中分类频次排名前 10 位的 CPC 分类号，表 4 – 2 – 2 详细列出了图 4 – 2 – 2 所涉及的 CPC 分类号对应的技术含义。

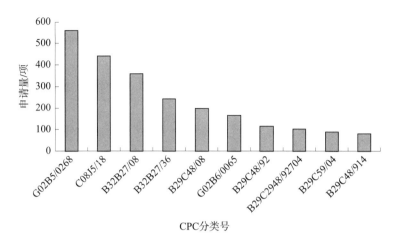

图 4 - 2 - 2 扩散板工艺的专利布局热点

表 4 - 2 - 2 扩散板工艺布局热点涉及的 CPC 分类号对应的技术含义

CPC 分类号	分类位置技术主题
G02B5/0268	漫射元件或远焦元件的生产或制造方法
C08J5/18	含有高分子物质的薄膜或片材的制造
B32B27/08	含合成树脂层的层状产品
B32B27/36	含聚酯层的层状产品
B29C48/08	柔性板的挤出成型方法或设备
G02B6/0065	平面式光导或板状形式波导的生产或材料
B29C48/92	挤出成型设备的零件、部件或附件的测量、控制或调节
B29C2948/92704	与挤出成型有关的受控参数温度
B29C59/04	使用辊或环形带的表面成型方法或设备，如压花设备
B29C48/914	挤出成型设备的冷却装置，如扁平制品的冷却鼓

扩散板工艺专利申请的改进点主要集中在 G02B5/00、C08J5/00、B32B27/00、B29C48/00 以及 B29C59/00 大组。其中，专利量最高的分类号是 G02B5/0268，即漫射元件或远焦元件的生产或制造方法，该分类号仅仅表示这些专利涉及扩散板的制造，不能明示成型方法；G02B6/0065 与 G02B5/0268 类似，也无法判断成型方法。C08J5/18、B32B27/08、B32B27/36 表明扩散板主要采用高分子材料并形成层状材料。从具体成型工艺来看，主要涉及挤出成型方

法——B29C48/08、B29C48/92、B29C2948/92704、B29C48/914，这些分类号涉及挤压成型方法、设备、设备零部件等。除了挤压成型，压印成型也是分类号体现得比较集中的工艺技术。

总体来看，扩散板工艺技术专利布局热点主要集中在挤出成型、压印成型及高分子材料的层状产品的制造方法。

4.2.3 扩散板材料专利布局热点

图4-2-3展示了扩散板材料相关全球专利的布局热点，即扩散板材料技术分支所有专利中分类频次排名前10位的CPC分类号，表4-2-3详细列出了图4-2-3所涉及的CPC分类号对应的技术含义。

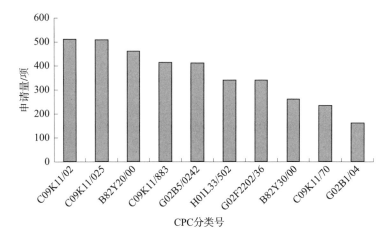

图4-2-3 扩散板材料的专利布局热点

表4-2-3 扩散板材料布局热点涉及的CPC分类号对应的技术含义

CPC 分类号	分类位置技术主题
C09K11/02	以特殊材料作为黏合剂、粒子涂层或悬浮介质的发光材料
C09K11/025	以非发光材料作为粒子涂层或悬浮介质的发光材料
B82Y20/00	纳米光学，例如：量子光学和光子晶体
C09K11/883	含硫化物的无机发光材料，硫化物含有锌或镉
G02B5/0242	借助于器件内部的分散颗粒实现光扩散的漫射元件或远焦元件

续表

CPC 分类号	分类位置技术主题
H01L33/502	专门适用于光发射的半导体器件的波长转换材料
G02F2202/36	微型或纳米材料
B82Y30/00	用于材料和表面科学的纳米技术，例如：纳米复合材料
C09K11/70	含磷的无机发光材料
G02B1/04	由有机材料（例如塑料）制成的光学元件

扩散板材料相关专利的技术改进点主要集中在 G02B、C09K、B82Y、H01L 等大组中，涉及扩散粒子材料、发光材料、纳米材料及波长转换材料。其中，G02B5/0242 主要用来表征专利中所提及材料用作扩散板中的扩散粒子。H01L33/502 主要用来表征专利中所提及材料用作波长转换材料，而波长转换材料通常指量子点，因而与 H01L33/502 相关的专利文献主要是量子点技术。此外，量子点作为发光材料，也通常用 C09K11 大组下的分类号来表示，例如C09K11/02（以特殊材料作为黏合剂、粒子涂层或悬浮介质的发光材料）、C09K11/883（含硫化物的无机发光材料，硫化物含有锌或镉）、C09K11/025（以非发光材料作为粒子涂层或悬浮介质的发光材料）、C09K11/70（含磷的无机发光材料），因而这些分类号实质都是用来标定量子点技术。除了量子点，还涉及多个与纳米材料相关的分类号，如 B82Y20/00（纳米光学，例如：量子光学和光子晶体）、G02F2202/36（微型或纳米材料）、B82Y30/00（用于材料和表面科学的纳米技术，例如：纳米复合材料），因而纳米材料也是扩散板材料相关专利中集中体现的技术点。

总体来看，扩散板材料技术专利布局热点主要集中在量子点和纳米材料。

4.3 扩散板潜在专利布局空白点

通过对专利文献进行逐篇阅读并提取其技术手段和技术功能或效果，再将各技术手段按所实现的技术功能或效果进行专利数量统计，形成以技术手段和技术功效为坐标的矩阵，即构成技术功效矩阵。为了直观展示技术功效矩阵，采用气泡图的形式来表示技术布局点，进而为制定技术研发方向提供参考。本节对扩散板结构、扩散板工艺、扩散板材料三个一级技术分支的专利文献进行深入研究，以期挖掘出扩散板结构、成型工艺、光扩散材料的专利布局空白点。

4.3.1　扩散板结构专利布局空白点

根据图4-3-1，从扩散板结构三个技术分支微透镜阵列、其他微结构、扩散板内结构所产生的技术效果来看，主要集中在提高光线均匀度、提升光扩散性、提高亮度、提高光线利用率、降低厚度、提高寿命和提高强度等几个方面，其中提高光线均匀度是三个分支中专利文献所提及效果最多的点。

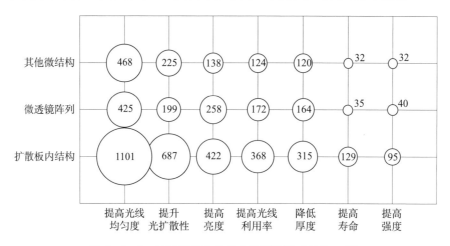

图4-3-1　扩散板结构技术功效矩阵图（单位：项）

微透镜阵列相关专利中，除了光线均匀度，对于提高扩散板的亮度和光扩散性的文献数量也较多，因而提高光线均匀度、提高亮度和提升光扩散性是微透镜阵列最主要的三个技术效果。

其他微结构相关专利中，提升光扩散性方面也是申请人主要提及的效果之一，此外通过改变微结构的尺寸或形状，比如采用纳米级微结构，对于降低扩散板厚度有一定作用。

扩散板内结构相关专利数量比微结构多，其所提及各种效果的专利文献数量也相对较多，比较几个技术效果，在提高光线均匀度、光扩散性、亮度以及降低厚度方面的专利数量较多。

综合来看，扩散板结构相关专利的技术效果主要集中在提高光线均匀度、提升光扩散性、提高亮度、提高光线利用率、降低厚度方面。对于提高扩散板使用寿命以及提高扩散板强度方面的技术改进较少，因而研发人员可考虑在这两方面开展研究。

4.3.2 扩散板工艺专利布局空白点

根据图4-3-2，从扩散板四个成型工艺，即挤出成型、涂覆成型、压印成型、注塑成型所产生的技术效果来看，主要集中在降低工艺复杂性、降低成本、提高效率、提高强度、提高耐热性、节能环保和降低厚度等几个方面，可以看出降低工艺复杂性和成本、提高效率是各类成型工艺所共同追求的目标。

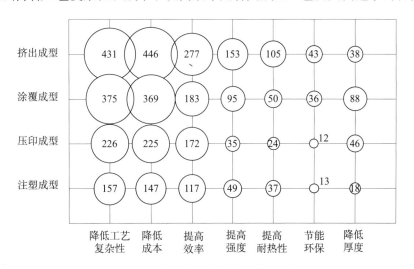

图4-3-2 扩散板工艺技术功效矩阵图（单位：项）

除了上述成本、效率方面，挤出成型工艺和涂覆成型工艺相关专利对于提高扩散板强度和耐热性方面具有较好效果，涂覆成型工艺和压印成型工艺相关专利对于降低扩散板厚度方面具有较好效果。此外，挤出成型工艺和涂覆成型工艺部分相关专利对减少环境污染、节约能源也具有一定效果。

综合来看，扩散板工艺相关专利的技术效果主要集中于降低工艺复杂性和成本、提高效率。对于提高扩散板强度和耐热性、节能环保以及降低扩散板厚度方面的技术改进较少，因而研发人员可考虑从这几方面开展扩散板工艺的研究。

4.3.3　扩散板材料专利布局空白点

根据图4-3-3，从扩散板9种扩散剂材料所产生的技术效果来看，主要集中在提高扩散粒子的均匀度、提高光扩散性、提高亮度、提高雾度、提高透光率、提高色域、提高耐热性和提高阻燃性等几个方面，可以看出提高均匀度、提高光扩散性是各类扩散剂材料相关专利所共同追求的目标。

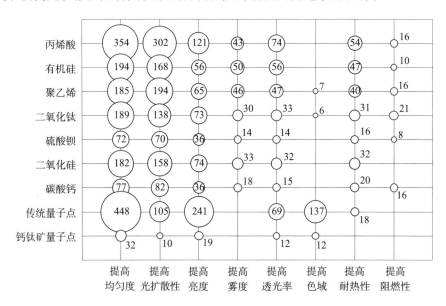

图4-3-3　扩散板材料技术功效矩阵图（单位：项）

如图4-3-3所示，在扩散板中加入量子点材料，对于提高扩散板的均匀度、亮度和色域有很好的效果。在提高亮度方面，传统有机和无机扩散剂材料通过减小颗粒直径也可达到较好的效果。在提高雾度和透光率方面，有机扩散剂材料有利于提高雾度或透光率的专利数量要高于无机扩散剂材料。在提高耐热性方面，有机扩散剂材料相关专利数量也较多。

综合来看，扩散板材料相关专利的技术效果主要集中于提高均匀度以及提高光扩散性。量子点材料对于提高扩散板的亮度和色域有很好的效果，这主要是由其优良的光学特性所决定的，然而对于提高耐热性和阻燃性方面的技术改进较少。此外，对于量子点扩散板，在提高光扩散性、提高雾度、提高透光率方面还有进一步的提升空间。

4.4 钙钛矿量子点技术专利竞争态势

本节对钙钛矿量子点技术的全球专利进行申请趋势分析，包括总体申请趋势、全球专利技术分布、申请人分布和热点应用领域。

4.4.1 钙钛矿量子点全球创新趋势分析

截至 2023 年年底，钙钛矿量子点技术相关全球专利申请总量为 3483 项，且以发明为主，实用新型所占比例仅为 3.72%。

如图 4－4－1 所示，相比扩散板技术，钙钛矿量子点属于新兴技术，最早公开于 1999 年 3 月，是由 IBM 公司申请的关于有机无机杂化的钙钛矿技术，然而问世后的十几年间专利申请量都寥寥无几。2015 年之后，全球钙钛矿量子点专利申请量和中国专利申请量才开始一起突破，达到两位数，中国专利申请量是其他国家和地区专利申请量的近 3 倍。随着国内钙钛矿量子点的研究热潮，中国专利申请量呈井喷式增长，与国外专利申请形成鲜明对比，2015—2019 年，中国专利申请量以百位级数量增长，2019 年达到 460 项；而其他国家和地区专利申请量增长缓慢，2019 年仅有 53 项。

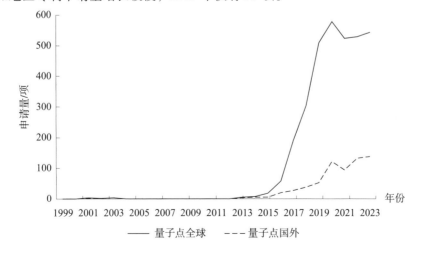

图 4－4－1　钙钛矿量子点全球专利申请趋势

2020 年开始，钙钛矿量子点中国专利申请量趋于稳定，2021—2022 年在 400～450 项的数量之间徘徊，2023 年的专利申请量基本与 2020 年持平。与此同时，其他国家和地区的钙钛矿量子点专利申请量呈现持续小幅上升态势，2023 年达到峰值，但仅为 137 项，与中国专利申请量差距仍很大。综合来看，中国钙钛矿量子点技术创新活跃度在 2015—2020 年呈现爆发式增长，到近几年趋于稳定。而国外申请人在近几年的创新活跃度呈现上升态势，需要引起国内申请人注意，应适时进行海外市场专利布局，为开拓国外市场赢得先机。

钙钛矿量子点技术共涉及两个一级技术分支：全无机钙钛矿量子点和有机无机钙钛矿量子点。图 4－4－2 显示了钙钛矿量子点技术的全球专利在其技术分支中的分布情况，钙钛矿量子点相关全球专利共计 3483 项，其中 3108 项涉及全无机钙钛矿量子点技术，735 项涉及有机无机钙钛矿量子点技术，这里部分专利文献同时公开了全无机钙钛矿量子点技术和有机无机钙钛矿量子点技术。

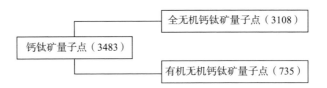

图 4－4－2　钙钛矿量子点全球专利申请量分布（单位：项）

钙钛矿量子点是近些年涌现的新技术，从图 4－4－3 所示的专利申请趋势来看，2014 年才达到了两位数；从 2015 年起，专利申请量逐年上升，尤其是全无机钙钛矿量子点技术基本呈直线上升态势，至 2019 年达到阶段性峰值 487 项；2019—2022 年增速变缓，到 2022 年达到历史最高值 520 项，2023 年继续保持平稳的势头。

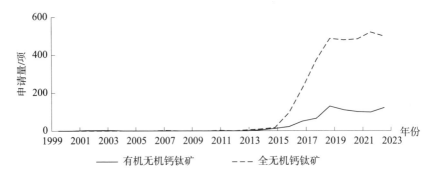

图 4－4－3　钙钛矿量子点一级技术分支的全球专利申请趋势

有机无机钙钛矿量子点技术分支与全无机钙钛矿量子点技术分支发展趋势基本同步，只是变化幅度相对缓慢，阶段性峰值也出现在 2019 年，达到 130 项；2020—2022 年专利申请量逐年下降，2023 年又有回升，截至 2023 年年底的数据显示，2023 年已有 124 项专利申请。

4.4.2　钙钛矿量子点全球创新区域竞争分析

本小节对钙钛矿量子点技术全球专利的来源国或地区分布情况进行分析，包括专利来源国分布、主要来源国申请趋势、主要来源国域外布局情况以及各技术分支的主要来源国分布。

据统计，钙钛矿量子点全球专利来源于 34 个国家，申请量排在前 10 位的是中国、韩国、日本、美国、英国、瑞士、德国、加拿大、法国和沙特阿拉伯，如图 4 - 4 - 4 所示，前 10 位国家和地区申请量合计为 3418 项，占全球申请总量的 97.30%。从地域分布来看，排前 10 位的国家主要分布在东亚、北美和欧洲❶。其中，中国以 2801 项位居榜首，韩国、日本、美国分列第 2~4 位，前 4 名申请量之和占到全球申请总量的 93.97%，由此可以看出，这四个国家在扩散板领域的专利活动较为积极，专利数量保持着领先地位。

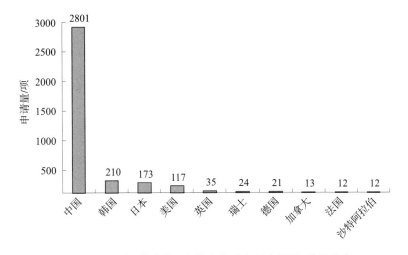

图 4 - 4 - 4　钙钛矿量子点技术全球专利来源国/地区分布

---

❶　本章中涉及的欧洲数据均来源于欧洲专利局（EPO）的数据。

图 4-4-5 展示了钙钛矿量子点技术全球专利四个主要来源国（中国、日本、韩国、美国）在 2001—2023 年的专利申请趋势。从图中可以看出，除韩国最早公开的钙钛矿量子点专利申请在 2009 年之外，其他三个国家早在 2001 年就有了专利申请，但都是零星发散的。2016 年之后，各国开始着力在钙钛矿量子点领域进行布局，且 2016—2020 年申请量呈现不同的上升态势，中国飞速攀升，到 2020 年已达到 500 余项；日本也一直保持上升趋势，2020 年达到峰值 93 项；美国、韩国均有小幅度的波动。在 2020 年之后，中国、美国、日本的专利申请量均呈现下降趋势，而韩国则在 2022 年达到了专利申请的峰值 59 项。由此可见，虽然 2020 年之后，钙钛矿量子点技术全球整体技术研发趋势放缓，但韩国对钙钛矿量子点技术领域的技术创新活跃度有上升趋势，需要引起国内企业的注意。

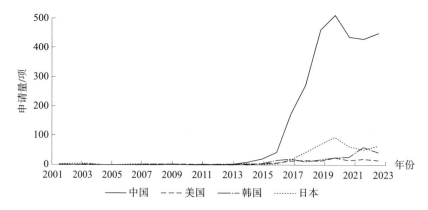

**图 4-4-5　钙钛矿量子点全球专利申请量排名前四位的
来源国专利申请趋势**

表 4-4-1 展示了扩散板技术全球专利四个主要来源国在除本国之外的其他国家或地区中进行专利布局的情况。其中原创申请代表同族专利的首次专利申请或优先权专利申请，即 1 项同族专利为 1 项原创申请；域外同族专利布局指数 = 在除本国外的其他国家公开的专利数量/本国原创申请数量。域外同族专利布局指数越高，代表其在其他国家专利布局的范围越广。四个国家中，美国的域外同族专利布局指数最高，其 117 项专利公开了 402 件，平均 1 项专利在不同地区公开超过 3 次；日本 173 项专利公开了 444 件，平均 1 项专利在不同地区公开超过 2.5 次，即钙钛矿量子点技术领域的美国、日本申请人更加看重其海外市场的专利布局。

表4-4-1 钙钛矿量子点技术主要来源国域外同族专利布局指数

来源国	原创申请/项	公开数量/件	域外专利公开数量/件	域外同族专利布局指数	公开国家数量/个
中国	2801	3034	227	0.081	11
日本	173	444	284	1.642	10
韩国	210	402	200	0.952	11
美国	117	402	311	2.658	11

图4-4-6展示了排名前四位的来源国在两个一级技术分支上的专利申请分布情况。从图中可以看出，中国在各分支的专利申请量远超其他三个国家，韩国均排在第2位，其次是日本、美国。

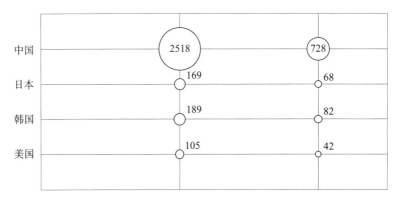

图4-4-6 钙钛矿量子点全球专利主要来源国
在一级技术分支上的专利分布（单位：项）

4.4.3 钙钛矿量子点全球目标市场竞争分析

图4-4-7显示的是钙钛矿量子点技术全球专利布局目标国及地区分布情况，全球共计公开了4960件专利，涉及28个目标国或地区。从图中可以看出，中国市场的海外申请人数量不多，主要来自日本和韩国。美国市场中，美国本土申请人的专利公开量仅占到24.21%，韩国和中国申请人的专利公开量均占到了18%左右，日本申请人的专利公开量也占11%以上。韩国市场中，韩国本土申请人的专利公开量占比达到了64.67%，日本申请人的专利公开量占10%以上；瑞士、英国申请人的专利公开量均达到了5%以上，其余各国

或地区申请人的专利公开量均不高。日本市场中，日本本土申请人的专利公开量达到65%以上，美国申请人的专利公开量达到12%以上，英国申请人和韩国申请人的专利公开量也在5%以上，其余国家或地区申请人专利公开量占比不高。

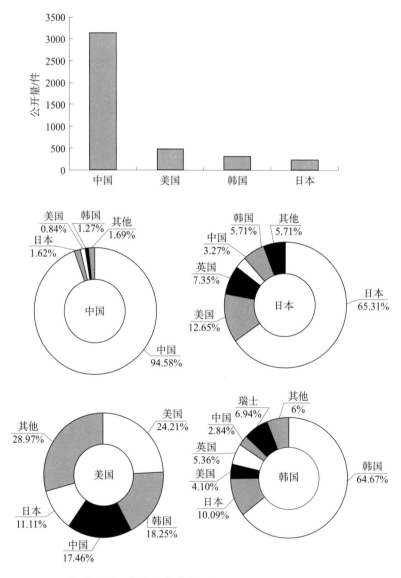

图4-4-7　钙钛矿量子点技术全球专利主要公开地区分布及其专利来源情况

从前文的数据可以看出，在钙钛矿量子点技术领域，中国申请人特别重视美国市场，在其他目标市场均表现平平；日本申请人特别注重国际市场，在韩国市场、美国市场均有一定数量的专利布局；韩国申请人也着力于对美国市场、中国市场进行专利布局。

图 4-4-8 展示了钙钛矿量子点技术全球专利主要目标国在 2001—2023 年的专利布局趋势。其与图 4-4-5 主要来源国的专利申请趋势基本一致，尤其是中国市场，中国国内申请人的专利公开数量遥遥领先，同时国内申请人也是国内专利市场的主力。专利布局趋势和专利公开趋势的主要差距在于美国、韩国、日本作为目标市场，其 2020 年以后的数据增幅较大；美国、韩国目标市场的峰值出现在 2022 年，而日本目标市场的峰值出现在 2023 年，相较于 2022 年几乎翻了一番。结合美国、韩国、日本申请人 2023 年的专利申请数量来看，近几年外国申请人越来越重视对美国、韩国、日本目标市场进行布局。

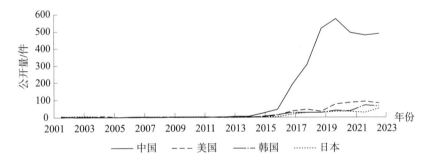

**图 4-4-8　钙钛矿量子点技术全球专利
主要目标国专利布局趋势**

图 4-4-9 展示了钙钛矿量子点技术前 5 位目标国/地区市场在各一级技术分支上的专利公开量情况。由图中可以看出，在两个一级技术分支，中国市场专利申请量遥遥领先，其次是美国市场，两个分支均排名第二，韩国市场均排名第三，日本市场排名第四，欧洲市场情况与其他市场相差较大。

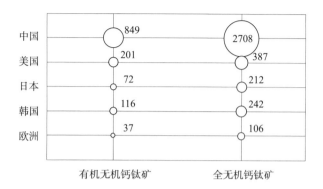

图4-4-9 钙钛矿量子点全球专利主要来源国/地区
在一级技术分支上的专利分布（单位：项）

4.4.4 钙钛矿量子点中国市场主要技术输入国

图4-4-10展示了钙钛矿量子点技术国外主要专利来源国在华专利布局情况。其中日本以47件占据了整个国外在华专利总量的近三分之一，体现了其在钙钛矿量子点领域重视在中国的布局。日本在钙钛矿量子点领域的发展表现出了较高的水平和活力，为该领域的研究和应用提供了重要支持和推动，随着技术的进一步成熟和应用的拓展，钙钛矿量子点有望在光电子、能源等领域发挥更加重要的作用。

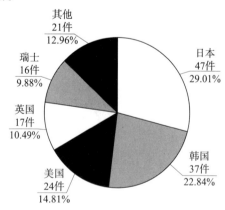

图4-4-10 钙钛矿量子点技术国外
主要专利来源国在华专利布局

韩国位列第二，以 37 件占钙钛矿量子点技术国外在华专利总量的 22.84%。韩国的一些企业在钙钛矿量子点技术领域积极开展产业化应用，利用钙钛矿量子点的优异性能，开发了一系列新型的光电子器件、光伏产品、荧光材料等，取得了一定的市场成功。

美国、英国和瑞士分别以 24 件、17 件、16 件位于第 3～5 位。日本、韩国、美国、英国和瑞士积极从事钙钛矿量子点的研究与开发工作，促进了该领域的科学研究和技术创新，且重视中国市场。以住友公司、花王公司为代表的日本公司，以三星集团为代表的韩国公司，以通用电气、IBM 为代表的美国公司，代表着钙钛矿量子点技术的国际先进水平，在全球市场中占据着重要地位。

4.4.5　钙钛矿量子点创新主体分析

本小节对钙钛矿量子点技术的全球创新主体，即申请人进行分析，包括申请人集中度、主要申请人排名、主要申请人域外布局情况。

图 4－4－11 展示了钙钛矿量子点技术 2013—2023 年全球专利申请人前 5 位、前 10 位、前 15 位的专利集中度情况，该数据可在一定程度上表明专利技术垄断的情况，其中申请人排名是基于当年全球专利申请标准化申请人排序确定的。2013 年之前因为申请人数量太少，不具有实际分析意义。从图中可以清晰地看到，专利集中度基本上呈逐年下降的趋势，且前期下降幅度很大，表明越来越多的创新主体进入该领域，这也从一定程度上说明，钙钛矿量子点领域的技术竞争越来越激烈，有利于技术创新发展。

图 4－4－11　钙钛矿量子点技术全球申请人专利集中度

钙钛矿量子点技术全球公布专利申请量前20位申请人排名情况如图4-4-12所示，与扩散板技术申请人排名明显不同的是，钙钛矿量子点的申请人以科研院所和高校居多，包括中国科学院、吉林大学、华南理工大学、南京理工大学、福州大学在内的11所高校。不过，该领域专利申请量最多的仍是企业，排名第一和第三的分别是TCL集团和苏州星烁纳米科技有限公司，并且TCL集团的专利申请量达到了282件，是排名第二中国科学院的3倍有余。企业在该技术领域的专利数量领先，表明钙钛矿量子点技术已经达到产业化水平，而不是仅仅停留在实验阶段。

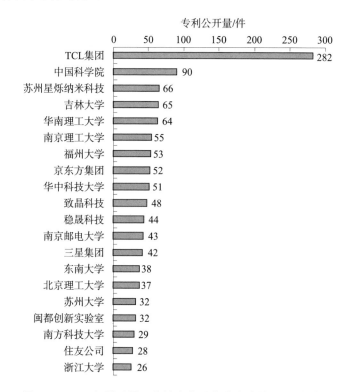

图4-4-12 钙钛矿量子点技术专利申请全球前20位申请人

与扩散板技术相比，钙钛矿量子点技术第二个不同点是前20位申请人中仅有1家国外申请人，这说明国内在钙钛矿量子点领域的创新能力和研发热情是非常高的，在国外未充分掌握该技术前，我国申请人做好国内、国际专利布局有利于抢占市场，增加与国外显示领域跨国企业竞争与合作的筹码。

图4-4-13展示了钙钛矿量子点技术各技术分支前10位申请人专利数量排名情况。TCL集团牢牢占据了排名第一的位置，其旗下的深圳市华星光电技术有限公司、武汉华星光电技术有限公司等均为量子点技术的研发主力；中国科学院旗下的研发主力包括：大连化学物理研究所、长春光学精密机械与物理研究所、福建物质结构研究所、化学研究所、半导体研究所等。作为新一代量子点技术，钙钛矿量子点技术也已被多家公司应用到扩散板中，包括TCL集团、苏州星烁纳米科技、住友公司、三星集团、京东方集团、致晶科技等，这些企业将推动钙钛矿量子点技术产业化的进程。

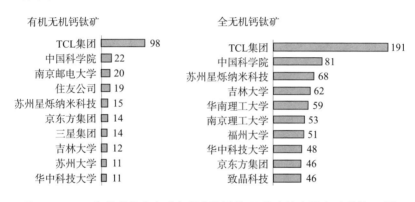

图4-4-13　各技术分支全球专利申请量前10位申请人排名（单位：项）

4.4.6　钙钛矿量子点热点应用领域

通过对3483项钙钛矿量子点相关全球专利的IPC分类号进行统计，梳理出钙钛矿量子点技术的热点应用领域，如图4-4-14所示。其中，应用最多的领域为H01L51，即有机电致发光器件，例如清华大学申请的深红-近红外发光器件（CN113097403）、TCL集团股份有限公司申请的量子点发光二极管（CN113122229）、京东方科技集团股份有限公司申请的有机发光器件（CN112909193）等。第二应用领域为H01L33，也是电致发光器件。第三应用领域为G02F1，即液晶显示器，例如深圳TCL新技术有限公司申请的背光模组和显示面板（CN112987408）、深圳扑浪创新科技有限公司申请的量子点显示面板及其制备方法（CN112701234）。

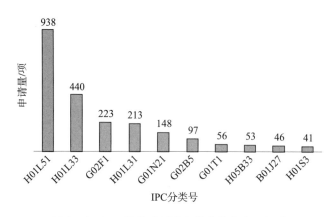

图 4 – 4 – 14 钙钛矿量子点技术热点应用领域

除上述三种应用外，钙钛矿量子点技术在太阳能电池（H01L31）、荧光标记（G01N21）、光学元件（G02B5）、激光器（H01S3）、辐射检测装置（G01T1）和光催化剂（B01J27）等领域都有一定的应用，比如使用钙钛矿型有机 – 无机杂化化合物作为闪烁体的放射线检测装置（CN1279367）、金属卤化物钙钛矿 $CsPbX_3$ 在光催化仿生生物合成的应用（CN112569971）等。

4.5 重要专利分析

专利应当是能够带来商业价值的资产。专利的商业价值包括两个部分，一是专利权本身产生的商业价值；二是专利文献记载的发明技术方案的应用所产生的商业价值。而对于重要专利，虽然目前还没有业界共识的准确定义，但是结合业界近来的研究成果，能够确定重要专利应具备技术价值、法律价值和市场价值，三者缺一不可。

技术价值是重要专利的核心。每一件专利都包含了能够解决技术问题的技术方案，根据其解决的技术问题是否特别疑难或重要、获得的技术效果是否特别显著、采取的技术方案本身相对于现有技术做出了多大程度的改进等方面来判断其技术创新高度。技术价值可以通过同族范围、被引证频次、重要申请人、标准必要专利等维度来确定。

法律价值是对专利权核心的有效保护、对保护范围的合理界定。专利权的核心在于专利的排他性，专利权人通过拥有一定时间、一定地域的排他权利，取得垄断性收益，实现专利的价值。专利的法律价值体现在权利要求的撰写、申请的布局情况、剩余保护时间等方面，可以通过专利权的有效性来确定。

市场价值是重要专利在产品化、市场化过程中带来的预期收益，可以通过专利权的交易、许可、转移、无效诉讼等方面来确定。

根据重要专利的影响因素，确定以下评定标准：

（1）专利被引证次数，指的是一件专利被其他专利所引用的次数，引证次数越多，说明该专利在所处领域中的重要程度越高，可能在产业链中所处位置较为关键，可能是竞争对手不能回避的。被引证次数可以反映专利在某领域研发中的基础性、引导性作用。但专利文献的被引证次数与公开时间的年限正相关，公开时间越早被引证的次数可能会越多，同一时期的专利文献，被引证次数越多，则专利重要性越高。

（2）同族专利数量，指的是基于一项或多项相同优先权文件，在不同国家或地区以及地区间专利组织多次申请、多次公布或批准的内容相同或基本相同的同族专利文献的数量。由于国外专利申请和维持的费用远高于国内专利申请，因此国外专利申请比国内专利申请更能说明专利的价值。一件专利同族数量的多少可以反映技术创新主体对该专利重要性的认可程度，同族专利数量越多，则专利重要性越高。

（3）专利有效性，以专利或其同族专利的法律状态及其维持有效时间来判断。对专利权人来说，只有当专利权带来的预期收益大于专利年费时，专利权人才会继续缴纳专利年费。因此专利有效时间持续得越长，则专利重要性越高。

（4）重要申请人，行业内的重要专利申请人通常在本领域技术实力最强，技术发展比较成体系，因此其所申请的专利技术会比较重要。

（5）专利运营，对于已经发生专利权的交易、许可、转让、质押以及无效诉讼等运营行为的专利，说明该专利得到了市场认可，具备一定的市场价值。

（6）其他价值度，除了前述五个评定标准，综合考虑专利的稳定性、是否提出过复审请求，以及研发人员投入数量（即发明人数量）、权利要求数量、实施例数量、专利权剩余有效期等，都可以对专利价值进行评定。

本书从专利的技术价值、法律价值和市场价值三个维度，综合考虑专利的被引证次数、同族专利数量、专利有效性、重要申请人、专利运营及其他价值度，从扩散板技术的中国专利中筛选出 700 件重要专利，从其保护年限、专利引证次数、同族数量、法律事件、申请人、发明人等角度进行分析。

4.5.1　维持年限分析

筛选出的 700 件重要专利中，有 608 件为发明专利，91 件为实用新型专利。截至目前，有 411 件处于保护期内，平均保护维持时间为 5.61 年，如图 4 - 5 - 1 所示，大部分专利的保护维持时间都在 7 年以下，还将具有较长的专利权保护时间。一旦专利权期满，专利技术就会进入公有领域，供任何人自由使用。因此，专利权利人需要在专利有效期内积极保护自己的权利，同时在专利权期满之前积极考虑技术的商业化应用，以获取最大化的商业价值。维持时间最长的两件专利是三菱化学株式会社和日东电工株式会社合作申请的聚碳酸酯树脂光学膜以及出光兴产株式会社申请的光扩散聚碳酸酯树脂合成物，其申请日分别是 2010 年 11 月 18 日和 2011 年 5 月 26 日。

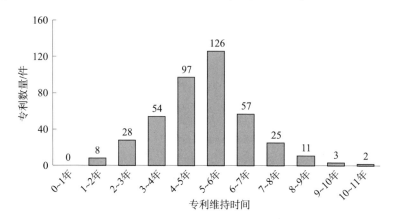

图 4 - 5 - 1　重要专利保护维持时间

4.5.2　同族、引证及权利要求分析

图 4 - 5 - 2 分别展示了扩散板技术重要专利的同族专利数量、同族被引证

次数、权利要求数量的分布情况。可以看出，同族专利数量以及权利要求数量为6~10个的专利是最多的，权利要求数量为11~15个的专利有176件，权利要求数量为16~20个的专利有142件。同族被引证次数中，被引证3~5次的专利是最多的，有132件，被引证6~10次的专利有93件。总的来看，700件重要专利中，同族专利数量大多为3~10个，同族被引证次数大多为1~10次，权利要求数量大多为6~20个。

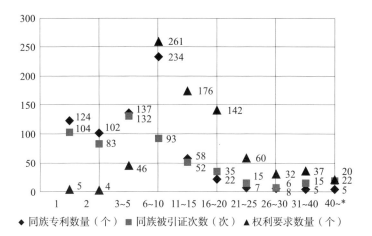

图4-5-2　重要专利同族专利数量、被引证次数、权利要求数量情况

4.5.3　创新主体分析

从法律事件上来看，700件专利中，有172件专利进行过专利权转让，有2件专利正在许可他人使用，有21件专利进行过质押贷款。

扩散板技术重要专利数量排名前20位的申请人如图4-5-3所示。其中排名前5位的申请人分别是三星显示有限公司（50件）、TCL集团股份有限公司（29件）、富士胶片株式会社（29件）、青岛海信电器股份有限公司（28件）、3M创新有限公司（27件）和日东电工株式会社（27件）。从前20位申请人类型来看，除了北京理工大学，其余均为企业。从申请人国别来看，前20位申请人中有11位是中国申请人，除TCL集团股份有限公司、青岛海信电器股份有限公司之外，还有京东方科技集团股份有限公司、张家港康得新光电材料有限公司、致晶科技（北京）有限公司等，国外申请人中有三星显示、三星电子、乐金显示 3 家韩国企业和富士胶片、日东电工、住友化学、夏普、可乐丽 5 家日本企业以及来自美国的 3M 公司。前 20 位申请人，不管从企业数量还是重要专利数量来看，中国企业在扩散板技术领域还是拥有较强技术实力的。

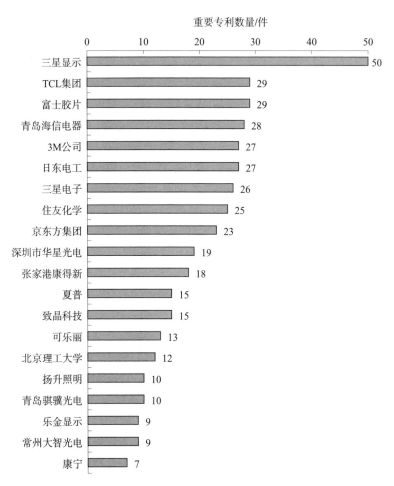

图 4-5-3　重要专利数量排名前 20 位的申请人

　　三星显示有限公司的 50 件专利的平均同族专利数量为 5.36 个，同族数量最高为 10 个。这 50 件专利中有 30 件被其他专利引证了 1~15 次，被引证次数最多的中国专利 CN107728368，被引证了 34 次，该专利于 2017 年 8 月 10 日在中国申请，并享有韩国专利 10-2016-0102443 的优先权，该专利目前还在实审中，但已被美国、中国、韩国、日本等多个国家或地区的 34 件专利引用。其中包括京东方集团、友达光电、青岛海信、广东聚华印刷、成都辰显光电、厦门天马微电子等多家中国企业的专利，一定程度上表明该专利对于我国企业的专利技术保护范围可能产生影响。

700件虽然同为重要专利，但其价值度有些许差异。通过对不同申请人的重要专利数据进行对比，能够发现其中的一些差异。从图4-5-3所示的前20位申请人中，选择较有代表性的三星显示有限公司、TCL集团股份有限公司、3M创新有限公司、三星电子株式会社、京东方科技集团股份有限公司与致晶科技（北京）有限公司，从同族专利数量、被引证次数、权利要求数量、发明人数量四个维度进行对比分析。

如图4-5-4所示，从同族专利数量来看，3M公司平均同族专利数量最高，达到10.96个，且27件专利中有26件的同族专利数量超过5个。结合图2-4-4得知，3M公司整体的域外同族布局指数高达2.812，其重要专利更是进行全球多地区布局。从专利的平均权利要求数量来看，平均数量最高的是3M公司（29.03），三星显示公司和三星电子公司也分别达到22.79和23.61，说明其专利的保护范围都比较大。专利的发明人数量可以反映一件专利技术所投入的研发人力，可以看出研发人力投入最多的是三星电子，平均发明人数为4.92，三星显示公司和3M公司也都超过了4人，表明其研发成本较高。

申请人	高价值专利数量/件	平均同族专利数量/件	同族数>5	平均被引证次数	被引次数>5	平均权利要求数量	权利要求数>10	平均发明人数量	发明人数>5
三星显示	50	5.36	22	4.28	12	22.79	46	4.32	13
TCL集团	29	3.34	5	2.03	5	12.33	14	3.31	0
3M公司	27	10.96	26	8.12	15	29.03	24	4.37	6
三星电子	26	8.01	16	11.07	15	23.61	26	4.92	11
京东方集团	23	4.57	6	9.37	12	15.97	22	3.09	2
致晶科技	15	1.67	1	2	2	13.47	3	3.13	1

图4-5-4 致晶科技、三星、TCL集团、3M公司、京东方集团重要专利数据对比

综合比较，3M公司和三星电子公司的重要专利在专利布局、技术关联度、专利保护范围、研发投入等方面都表现出较高的专利价值。国内企业中，京东方的专利的技术关联度和专利保护范围做得比较好，其专利被引证次数平均为9.37，高于美国3M公司，权利要求数量平均为15.97，且23件专利中有22

件超过 10 个权利要求。

4.5.4 典型案例分析

北京理工大学申请的专利 CN104861958 被引证 148 次，法律状态为已授权，且处于转让状态，同族数量为 15 件，同族国家/地区/组织有日本、韩国、世界知识产权组织、中国、欧洲专利局、美国；权利要求有 4 个，涉及 2 个独立权利要求，即钙钛矿/聚合物复合发光材料及其制备方法。对这件高被引专利的被引证数据进行分析，148 个引证 CN104861958 的专利文献中，有中国大陆专利 84 件、日本专利 18 件、美国专利 18 件、世界知识产权组织专利 15 件、韩国专利 8 件、欧洲专利局专利 2 件、德国专利 1 件、中国台湾专利 2 件，84 件中国大陆专利中有 23 件已授权。说明在 CN104861958 保护范围外已布局了与其技术非常相近的专利，这些专利对于 CN104861958 相关产品的推广可能产生一定影响。

此外，通过分析 CN104861958 与其引证和被引证专利之间的关联关系，还能够挖掘出潜在的竞争对手。如图 4-5-5 所示，中间最大的圆即 CN104861958，其与引证和被引证专利形成了复杂的关系网，专利的圆越大，代表该被关联专利数量越多。可以看出，在 CN104861958 周围形成了几个较大的专利聚集点，如 US10585228（三星电子有限公司，量子点及其制造方法以及包括该量子点的电子器件，已授权）、US10436973（隆达电子股份有限公司，一种量子点复合材料及其制备方法和应用，已授权）、US10816716（隆达电子股份有限公司，量子点复合材料的应用，已授权）、JP6631973（隆达电子股份有限公司，复合材料及其制备方法和量子点的用途，已授权）、CN106816520（隆达电子股份有限公司，波长转换材料及其应用，已失效）、CN106087242（华东理工大学，一种钙钛矿量子点复合纤维膜、制备方法及其用于荧光检测的应用，已授权）、CN106750427（张家港海纳至精新材料科技有限公司，一种钙钛矿量子点/聚合物复合荧光膜的制备方法，已授权）。从这些专利技术来看，与 CN104861958 的技术非常相近，且均已授权，因而在将钙钛矿量子点技术推广应用至显示领域时，有必要对三星电子有限公司、隆达电子股份有限公司和张家港海纳至精新材料科技有限公司的相关专利技术和产品进行深入研究。

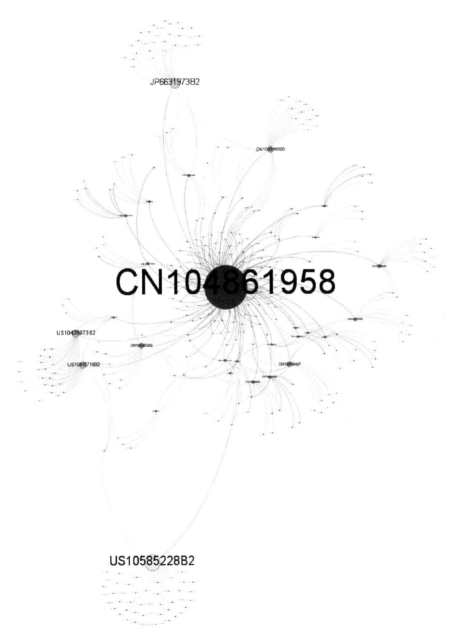

图 4 – 5 – 5　重要专利 CN104861958 引证关系图

　　根据重要专利评判的多个指标，选出了扩散板技术的 25 个重要专利，如表 4 – 5 – 1 所示。

表4-5-1 扩散板技术重要专利

序号	质量等级	标题	公开（公告）号	IPC	申请人	权利要求数量	当前法律状态	家族被引证次数	同族数量	同族国家地区/组织	法律事件
1	★★★★	纳米纤维带材、片材及加捻和非加捻纳米纤维纱的制备与应用	US20170137290A1	B32B37/00；C04B35/80；C23C16/44；D01F9/08；D01F9/127；D02G3/16；D02G3/28；D02G3/44；D04H3/002；H01G11/36；H01M4/92；H01M10/0565	Board of Regents The University of Texas System	23	授权	1299	12	US	转让
2	★★★★	用聚乙烯醇系树脂膜等连续卷材制造带分离膜的光学膜叠层体带卷的方法	JP2017068282A	G02B5/30；B29C55/04；B29K29/00；B29K67/00；B29L9/00；B29L11/00；B32B7/02；B32B27/30；G02F1/1335；H01L51/50；H05B33/02	Nitto Denko Corp	67	授权	348	40	CN，JP，EPO，US	
3	★★★★	用于附加地制造复合部件的系统和方法	US20170028634A1	B29C67/00；B29C35/16；B29C48/02；B29C69/00；B29C70/16；B29C70/38；B29C70/54	The Boeing Company	29	授权	197	2	US	转让

续表

序号	质量等级	标题	公开（公告）号	IPC	申请人	权利要求数量	当前法律状态	家族被引证次数	同族数量	同族国家/地区/组织	法律事件
4	★★★☆	纳米纤维带材、片材及加捻和非加捻纳米纤维纱的制备与应用	US20160312387A1	D02G3/44; B01L3/00; D01F9/12; D01F9/127; D02G3/28; D04H3/002; G01L1/22; G02F1/1333; H01B5/08; H05K9/00;	Board Of Regents The University Of Texas System	18	授权	1299	12	US	转让
5	★★★★	纳米纤维纱线、带和板的制造和应用	CN103276486A	D02G3/36; C01B31/02; D01F9/127; D01F6/50; D02G3/02	得克萨斯大学体系董事会；联邦科学和工业研究组织	65	授权	843	46	CN, US	转让
6	★★★★	有机硅树脂制反射基材及其制造方法，以及用于该反射基材的原材料组合物	CN102893417A	H01L33/60; B29C45/14; B29C47/02; C08K3/00; C08L83/04; F21V7/22; H01L31/04; C09D7/62;	株式会社朝日橡胶	27	授权	246	33	CN, EPO, JP, WO	
7	★★★★	硅树脂反射板及其制造方法和反射基板用基材组合物	US20130011617A1	G02B5/26; B05D3/02; B05D3/04; B05D3/06; B05D3/12; B29C45/14; B32B3/00; B32B3/30; B32B27/04; C09D7/62; H05K1/00; H05K1/09	Masutsugu Tasaki; Naoto Igarashi; Akira Ichikawa; Tsutomu Odaki; Maimi Yoshida	27	授权	246	33	CN, JP, US, EPO, WO	转让

序号	质量等级	标题	公开（公告）号	IPC	申请人	权利要求数量	当前法律状态	家族被引证次数	同族数量	同族国家/地区/组织	法律事件
8	★★★★	白色反射材料及其制造方法	CN102473824A	H01L33/60; G02B5/08; H01L31/042	株式会社朝日橡胶	19	授权	162	16	CN, JP, KR, WO, EPO, US	
9	★★★★	用于例如光学功能膜叠层材料的偏振膜	US20120056211A1	H01L33/08; B05D5/06; B29C55/04; B29K29/00; B29K67/00; B29L9/00; B29L11/00; G02B5/30; G02F1/1335	Takeharu Kitagawa; Tomohiro Mori; Yuji Miyaki; Shusaku Goto; Minoru Miyatake; Takashi Kamijo	68	授权	162	15	CN, KR, EPO, US	转让
10	★★★★	具有偏振膜光学显示装置	US20120057104A1	G02F1/1335; B29C55/04; B29K29/00; B29K67/00; B29L9/00; B29L11/00; G02B5/30	Takeharu Kitagawa; Shusaku Goto; Minoru Miyatake; Tomohiro Mori; Takashi Kamijo; Kentaro Yoshida; Satoru Kunikata	37	授权	171	15	CN, KR, EPO, US	转让

续表

序号	质量等级	标题	公开（公告）号	IPC	申请人	权利要求数量	当前法律状态	家族被引证次数	同族数量	同族国家/地区/组织	法律事件
11	★★★★	用于 TV 的光学显示装置	EP2426523A2	G02B5/30；B29C55/04；B29K29/00；B29K67/00；B29L9/00；B29L11/00；B32B27/00；G02F1/1335	Nitto Denko Corporation	25	授权	171	15	US，KR，CN，US，EPO	
12	★★★★	具有偏振膜的光学显示装置	CN102331635A	G02F1/1335；G02F1/13363；G02F1/133；G02B5/30；G02B1/10；H01L27/32；B29C55/04；B29K29/00；B29K67/00；B29L9/00；B29L11/00	日东电工株式会社	37	授权	171	15	CN，EPO，US	
13	★★★	纳米纤维带和板以及加捻和无捻的纳米纤维纱线的制造和应用	CN101437663A	B29C47/04	得克萨斯大学体系董事会；联邦科学和工业研究组织	469	授权	843	46	CN，JP，KR，WO，EPO	转让

续表

序号	质量等级	标题	公开（公告）号	IPC	申请人	权利要求数量	当前法律状态	家族被引证次数	同族数量	同族国家/地区/组织	法律事件
14	★★★☆	具有浮动合成图像的片材	CN101410733A	G02B5/128	3M 创新有限公司	20	授权	168	23	CN, JP, WO, EPO, US	
15	★★★★	含有具有比浓对数粘度和中等玻璃化转变温度的环丁二醇的聚酯组合物和由其制备的制品	JP2008544022A	C08L67/02; C08G63/199	Eastman Chem Co.	58	授权	187	309	CN, EPO, WO	
16	★★★★	纳米纤维带和片以及加捻和非加捻纳米纤维纱的制造和应用	US20080170982A1	C01B31/02	Mei Zhang; Shaoli Fang; Ray H Baughman; Anvar A Zakhidov; Kenneth Ross Atkinson; Ali E Aliev; Sergey Li; Chris Williams	52	授权	1299	12	US	转让

续表

序号	质量等级	标题	公开（公告）号	IPC	申请人	权利要求数量	当前法律状态	家族被引证次数	同族数量	同族国家地区/组织	法律事件
17	★★★★	具有包含光学荧光材料的屏幕的显示系统和装置	CN101218621A	G09G3/28；G09G3/20；G09G3/22；G09G3/30；H01J29/10；G03B21/56；G03B21/60；G03B21/00	博达公司	90	授权	172	15	JP，KR，WO，EPO，CN	
18	★★★★★	色带纳米纤维捻和无捻纳米纤维和片材用于制造和应用	JP2008523254A	D02G3/36；A41D13/00；A41D13/02；A61L27/00；A61L31/00；B82B3/00；C01B31/02；D01F6/50；D01F9/127；D02G3/02；D02G3/04；D02G3/16；D03D15/00；D03D15/12；D06M15/333；D06M101/40；H01B5/02；H01B5/14；H01B12/04；H01J1/304；H01M4/86；H01M4/96	Univ Texas；Board Of Regents The University Of Texas System；Commw Scient Ind Res Org	469	授权	843	46	CN，JP，KR，WO，EPO	转让
19	★★★★	照明封装	JP2006099117A	G02B17/08；F21S2/00；F21V5/04；F21Y101/02；H01L33/00	Shogen Koden Kofun Yugenkoshi	20	授权	392	21	JP，KR，US	

续表

序号	质量等级	标题	公开（公告）号	IPC	申请人	权利要求数量	当前法律状态	家族被引证次数	同族数量	同族国家/地区/组织	法律事件
20	★★★★★	聚烯烃粘合剂组合物和由其制备的制品	US20040127614A1	C08K5/01; C08F4/642; C08F4/659; C08F4/6592; C08F10/00; C08F110/06; C08F210/06; C08L57/02; C09J7/20; C09J123/10	Jiang Peijun; Nelson Keith Allen; Curry Christopher Lewis; Dekmezian Armenag Hagop; Sims Charles Lewis; Abhari Ramin; Garcia Franco Cesar Alberto; Canich Jo Ann Marie; Kappes Nicolas; Faissat Michel Louis; Jacob Lutz Erich	426	授权	599	2	US	
21	★★★★	压敏粘合剂组合物和压敏粘合剂片材	JP2005330464A	C09J133/08; B32B27/00; C09J7/02; C09J133/10	Nitto Denko Corp.	5	授权	336	4	JP	

续表

序号	质量等级	标题	公开（公告）号	IPC	申请人	权利要求数量	当前法律状态	家族被引证次数	同族数量	同族国家/地区/组织	法律事件
22	★★★	一种钙钛矿/聚合物复合发光材料及其制备方法	CN104861958A	C09K11/02; C09K11/06; B82Y20/00	北京理工大学	4	授权	125	15	JP, KR, WO, CN, EP, US	转让
23	★★★★	一种钙钛矿量子点聚合物复合荧光膜的制备方法	CN106750427B	C08J5/18; C08L27/16; C08L1/12; C08L33/20; C08L1/28; C08K5/17; C08K3/16; C09K11/66; C09K11/06	致晶科技（北京）有限公司	32	授权	13	2	CN	转让
24	★★★★	一种钙钛矿量子点复合偏振发光薄膜的制备方法	CN107383402B	C08J5/18; C08L27/16; C08L33/20; C08L1/12; C08K3/16; C08K5/17; C08K5/18; C09K11/02; C09K11/06; G02F1/1335	致晶科技（北京）有限公司	19	授权	6	2	CN	转让
25	★★★★	发光材料及其制备方法、纳米片、膜材、背光源和显示装置	CN107722962B	C09K11/02; C09K11/06; C07F7/24; C07F1/08; C07F7/22; C07F7/30; C07F13/00; G02F1/13357; B82Y20/00; B82Y40/00	京东方科技集团股份有限公司; 北京理工大学	19	授权	2	9	WO, CN, EP, US	转让

第5章 显示用扩散板重要创新主体分析

为深度挖掘各创新主体的专利布局竞争态势，本章从专利布局趋势、研发热点及技术动向、主要目标市场等多种维度对各重要创新主体进行了对比分析。并进一步选取了中国、美国、日本、韩国四国的代表性创新主体，从专利布局趋势、布局市场、研发团队、研发年限、专利运营、引证次数等方面进行了全方位重点分析。

5.1 重要创新主体对比分析

根据第2.4节和第3.4节关于全球和中国申请人的统计数据，确定三星集团、乐金集团、3M公司、住友公司、三菱公司、鸿海科技集团、京东方集团、TCL集团、苏州星烁纳米、颖台科技、致晶科技为重要专利技术创新主体，从专利申请趋势、研发热点、目标市场等方面进行对比分析。

5.1.1 全球专利申请趋势

图5-1-1展示了重要专利技术创新主体三星集团、乐金集团、3M公司、住友公司、三菱公司、鸿海科技集团、京东方集团、TCL集团、苏州星烁纳米、颖台科技和致晶科技在显示领域扩散板技术上的全球专利申请趋势。

从申请趋势来看，11家企业中，最早公开扩散板技术相关专利的是日本的三菱公司，其在20世纪80年代末至90年代初开始研制扩散板，不过年申请量不大。2000年之前，除三菱公司外，美国的3M公司和日本的住友公司在扩散板技术上也有零星专利申请。2000—2008年，韩国的三星集团和乐金集团、中国台湾的鸿海科技集团和颖台科技有限公司也进入该领域，其中专利申

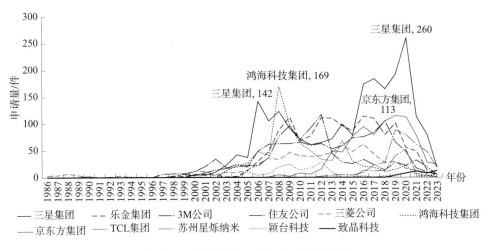

图 5 - 1 - 1　重要创新主体全球专利申请趋势

请量增长最快的是三星集团和鸿海科技集团，三星集团在 2006 年达到峰值 142 件，鸿海科技集团在 2008 年达到峰值 169 件。然而，2008 年之后，三星集团和鸿海科技集团的专利申请量大幅缩水，尤其是鸿海科技集团基本呈现持续下降态势，2017—2020 年的申请量仅分别有 19 件、11 件、15 件、23 件。除此之外，住友公司的专利申请量在 2012 年之后也急剧下降，乐金集团、3M 公司和三菱公司近十年的专利申请量较为平稳，而三菱公司有下降趋势。

颖台科技有限公司在 2004—2013 年相继申请了 150 件专利，而 2021 年仅有 8 件专利，全部申请中有效专利有 111 件。根据颖台科技 2020 年 5 月 20 日公布的 2019 年年报，截至 2019 年 10 月，颖台科技共计取得中国台湾专利 39 件、美国专利 29 件、日本专利 8 件、韩国专利 15 件、中国大陆专利 38 件，其专利量与检索数据基本相符。年报中还指出"经济增长呈现弱势……积极扶植光电与半导体产业，让原本供需失衡及削价竞争的情况愈发严重。颖台科技所处的 TFT - LCD 产业也遭遇到同样的困难，致使本公司全年度的合并营收较前一年度减少约 16%"，其研发发展状况中指出，"近年逐渐朝向多元化应用及更高附加价值的产品发展，除既有的液晶电视及显示器用扩散板及导光板外，本公司以既有的核心技术为基础，积极朝向 5G 手机产业，汽车及大众运输系统电子化显示器等领域发展，如：车用 LED 背光用导光板、车用 Mini LED 背光微结构扩散板、超薄笔电及桌上型显示器 Mini LED 微结构扩散板及复合材料导光板等"。据中国台湾《工商时报》2021 年 8 月 16 日的报道，颖台 Mini LED 和车载应用等新产品提前在 7 月量产出货,其中 Mini LED 产品占比已达两位数,颖台科技将持续调整产品组合,加速电视、照明以外的产业布局,降低单一产业波动对公司所造成的冲击,颖台科技积极布局 Mini LED 产品,贡献可望放大。由此可见,颖台科技为分散产品销售集中单一产业的风险,不断拓展产业范围,战略性转型成为颖台科技在 2013 年之后大幅缩减扩散板技术研发及专利申请的主要原因。

中国大陆企业中,京东方从 2007 年起开始申请扩散板技术相关专利,2012 年后申请量逐年增加,至 2020 年达到 113 件,大幅超过乐金集团、3M 公司、住友公司、三菱公司等国外企业。TCL 集团于 2012 年进入该产业,专利申请量增速比京东方集团更快,至 2019 年达到 89 件,但总量上较京东方集团差距较大。苏州星烁纳米公司、致晶科技(北京)有限公司进驻该领域更晚一些,星烁纳米于 2016 年开始申请专利,至 2020 年快速升至 52 件。致晶科技(北京)有限公司从 2019 年开始申请专利,2019—2023 年除 2022 年申请量有小副下降外,其余年份申请量呈上升趋势。总体来看,上述企业在扩散板技术的申请活跃期主要集中在 2005—2020 年这 15 年间。由于受新冠疫情以及 PCT 进入国家阶段延迟、申请延迟公开等因素影响,11 家企业于 2021 年开始出现申请量下滑趋势,聚焦国内几家企业虽然研发显示领域扩散板技术相对较晚,但研发实力较强、专利布局也较为积极。需要重点关注的国外申请人是三星集团,其在 2010—2015 年经过低谷(最低为 2011 年的 61 件)后,申请量急剧上升,2016 年超过 170 件,2020 年又达到新的高峰 260 件,遥遥领先于其他企业。三星集团这样密集的专利布局对于扩散板产业有可能带来较大的冲击。

5.1.2 研发热点及技术动向

为清楚展现三星集团、乐金集团、3M 公司等重要专利技术创新主体在显示领域扩散板技术上的研发热点,对其在各级技术分支上的专利布局情况进行统计分析,如图 5 - 1 - 2 所示。

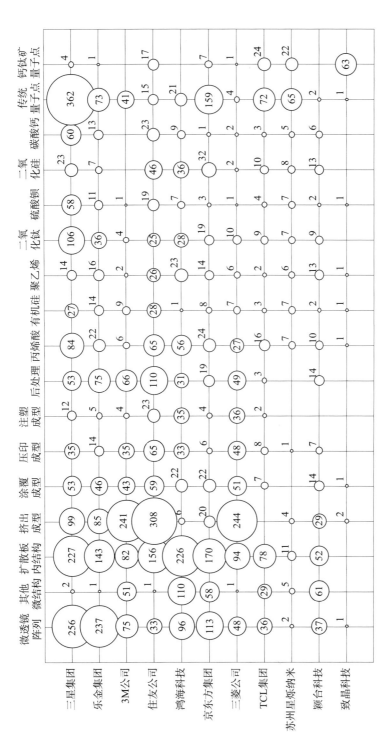

图 5－1－2　重要专利技术创新主体专利布局热点（单位：件）

从图5-1-2中的气泡分布情况可以看出，三星集团、乐金集团、京东方集团、鸿海科技、3M公司等5家公司在微透镜阵列和扩散板内结构两个分支的专利布局都比较密集，尤其是三星集团、乐金集团、京东方集团、鸿海科技，一定程度上表明其技术研发重点在于扩散板内部扩散层和基层结构以及表面的微透镜阵列结构。这5家企业中，3M公司、鸿海科技和京东方集团的专利还较多涉及除微透镜阵列之外的其他微结构技术。此外，作为扩散板龙头企业，颖台科技在微结构和扩散板内结构技术上的专利也较多，颖台科技专利总量不大，但微结构和扩散板内结构相关专利基本占其申请量的41.70%，可见微结构和扩散板内结构技术为其核心技术。

从扩散板工艺和传统扩散剂材料来看，住友公司在各种扩散板工艺和各种有机、无机以及量子点扩散剂材料技术上都有专利布局，因而住友公司掌握了扩散板上、中、下游全产业链技术，相比颖台科技的单一产业链，受市场波动影响较小。与住友公司有着相同专利布局策略的还有三星集团和乐金集团。

除扩散板结构技术外，专利布局较多的技术还分布在量子点技术上，其中三星集团和京东方集团已申请了大量有关传统量子点用作扩散剂材料的相关专利（三星集团362件、京东方集团159件）。乐金集团、3M公司、鸿海科技、三菱公司、颖台科技等在该技术上的专利布局相对较少。

统计数据表明，国内企业TCL集团、苏州星烁纳米和致晶科技，其研发重点也在于量子点材料。TCL集团申请了72件关于传统量子点扩散剂材料的专利、24件关于钙钛矿量子点扩散剂材料的专利。苏州星烁纳米申请了65件关于传统量子点扩散剂材料的专利、22件关于钙钛矿量子点扩散剂材料的专利。致晶科技申请了1件关于传统量子点扩散剂材料的专利、63件关于钙钛矿量子点扩散剂材料的专利。

图5-1-3进一步展示了三星集团、乐金集团、3M公司、京东方集团、TCL集团和苏州星烁纳米2012—2023年在量子点扩散剂技术上的专利申请趋势。图中三星集团的申请量曲线基本与其在图5-1-1中展现的申请量曲线一致，说明2008年之后三星集团一方面受全球金融危机的影响减少其研发投入，另一方面在扩散板技术研发上遇到了瓶颈，经过几年的技术创新后，于2015年开始将其研发重点锁定在量子点技术上，利用量子点在发光方面的优良特性来提升扩散板的扩散性能。与此同时，乐金集团也增大了对量子点技术的研发投入，不过创新成果较三星有很大差距，2016年其专利申请量达到高点51件后，数量逐年下降。3M公司与乐金集团较为相似，其在2018年达到峰值52件之后逐年减少了

专利申请量。2015—2020 年在量子点扩散剂上的专利申请量基本每年稳定在 30 件，而后申请量呈逐年下降趋势。TCL 集团和苏州星烁纳米相比其他几家企业较晚开始研发量子点扩散剂，但专利申请量呈现小幅上升态势。

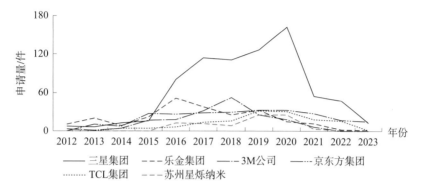

图 5 - 1 - 3　重要专利创新主体量子点扩散剂技术专利申请趋势

综合来看，三星集团、乐金集团、住友公司、鸿海科技、京东方集团、三菱公司基本都拥有扩散板全产业链专利技术，其中上、中、下游产业技术最为均衡的是住友公司，三星集团、乐金集团、京东方集团更侧重于微透镜阵列、扩散板内结构和传统量子点扩散剂材料三个技术热点，鸿海科技主要集中于扩散板内结构，三菱公司主要集中于扩散板内结构和扩散板成型工艺两个技术热点，颖台科技在扩散板微结构技术上见长。三星集团、京东方集团、TCL 集团和苏州星烁纳米重点开发传统量子点和钙钛矿量子点扩散剂材料。

5.1.3　主要目标市场

图 5 - 1 - 4 展示了三星集团、乐金集团、3M 公司、住友公司、三菱公司、鸿海科技、颖台科技、京东方集团、TCL 集团、苏州星烁纳米、致晶科技等 11 家公司的显示领域扩散板技术在中国、日本、韩国、美国、欧洲市场专利布局的情况。可以看出，中国市场是最大的专利布局目标市场，中国扩散板市场专利布局较多的是三星集团（534 件），其次是京东方集团（523 件）和鸿海科技（411 件）。韩国市场因本土企业三星集团和乐金集团而成为第二大专利布局目标市场，且主要是这两家企业进行布局，类似地，日本市场也主要是其本土企业住友公司和三菱公司的专利布局。美国市场主要是三星集团布局较

多，欧洲市场主要是3M公司、三星集团以及住友公司布局较多。

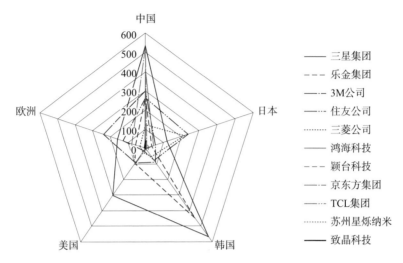

图 5 - 1 - 4　主要创新主体专利布局（单位：件）

11 家企业中，三星集团是在五个市场中布局专利最多的企业，其布局专利数量为韩国 568 件、中国 534 件、美国 304 件、欧洲 157 件、日本 121 件。乐金集团在五个市场的专利布局数量也较多，其布局专利数量为中国 265 件、日本 33 件、韩国 450 件、美国 99 件、欧洲 56 件。

中国台湾的鸿海科技布局范围较广，其布局专利数量为中国 411 件、日本 44 件、美国 16 件、欧洲 5 件、韩国 2 件。颖台科技虽然专利总量远不及鸿海科技，但其在中国、日本和韩国分别布局了 51 件、16 件和 20 件扩散板技术相关专利。四个中国大陆的企业中，TCL 集团、苏州星烁纳米和致晶科技的专利主要布局在中国本土，而京东方集团除在中国布局 523 件专利之外，其在美国、欧洲、日本、韩国均有专利布局，专利数量分别为 100 件、79 件、5 件和 4 件。

5.2　代表性创新主体分析

根据第 5.1 节重要创新主体对比分析小节中的统计数据，确定韩国三星集团、日本住友公司、美国 3M 公司、中国京东方集团及致晶科技（北京）有限公司为代表性创新主体，从专利申请总体趋势、申请区域分布、研发热点和研发团队等方面进行分析。

5.2.1　显示面板巨头——韩国三星集团

三星集团是韩国最大的跨国企业集团，包括众多的国际下属企业，业务涉及电子、化学、机械众多领域。三星集团作为一家实力强劲的公司，旗下除了备受外界看好的量子点发光 QLED 技术，还致力于研发 Micro LED 显示技术。2014 年三星集团重点投入到了 4K 液晶电视的研发中，2015 年发布了 SUHD TV，2016 年收购了全球三大量子点材料制造商之一的美国 QDVision，2017 年全新打造了 QLED TV。为占据量子点技术优势，三星集团投资了具备 300 项量子点技术专利的 Nanosys 公司。与此同时，三星集团也没有完全放弃 OLED 技术，小尺寸领域的 AMOLED 有着快速的成长。

本小节从三星集团专利申请总体趋势、布局区域分布、研发热点和研发团队等方面进行分析。

5.2.1.1　三星集团专利申请总体趋势

如图 5 - 2 - 1 所示，三星集团从 2000 年开始在扩散板领域布局专利申请，直至 2005 年申请量都不大，2006—2008 年达到第一个申请小高峰，年申请量均在 100 件以上，2009—2015 年申请量有所下降，稳定在 100 件以内。由于 2016 年三星收购了量子点材料制造商 QDVision，其在扩散板技术的研发上得到了新的助力，于 2016—2020 年申请量逐步攀升达到了第二个小高峰，年申请量均超 150 件，并于 2020 年达到申请量顶峰 260 件，而后于 2021—2023 年呈直线下降趋势。

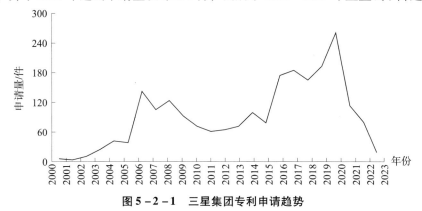

图 5 - 2 - 1　三星集团专利申请趋势

5.2.1.2　三星集团专利布局区域分布

三星集团在全球 9 个国家或组织申请过专利，分别是：韩国 568 件、中国
534 件、美国 304 件、日本 121 件、欧洲专利局（EPO）81 件、印度 9 件、德
国 6 件、澳大利亚 3 件、越南 1 件。如图 5 - 2 - 2 所示，三星的专利申请主要
分布在韩国、中国和美国，分别占总申请量的 34.91%、32.82%、18.68%，
占比总和高达 86.41%，相对而言，其海外专利申请量总量达到了 1059 件，占
该公司扩散板和钙钛矿量子点技术总申请量的 65.09%，说明三星更注重海外
扩散板及钙钛矿量子点市场，其为抢占海外市场进行了大量专利布局。

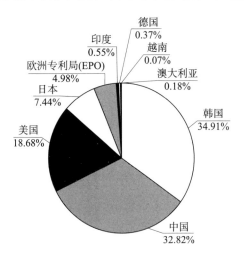

图 5 - 2 - 2　三星集团专利公开国别占比

5.2.1.3　三星集团研发热点分析

三星集团在显示领域扩散板技术的 17 个技术分支上均布局有专利。如
图 5 - 2 - 3 所示，专利布局较多的技术分支分别是：传统量子点 362 件、微
透镜阵列 256 件、扩散板内结构 227 件、二氧化钛 106 件、挤出成型 99 件、
丙烯酸 84 件。

结合图 5 - 2 - 4 和图 5 - 2 - 5 可以看出，三星集团在扩散板材料技术分支
的专利申请量最多，超过总申请量的一半，其次是扩散板结构技术分支，占总
申请量的 32.89%，而扩散板工艺技术分支的专利布局较少，占比仅为总申请
量的 17.07%。属于扩散板材料的传统量子点技术分支以及属于扩散板结构的

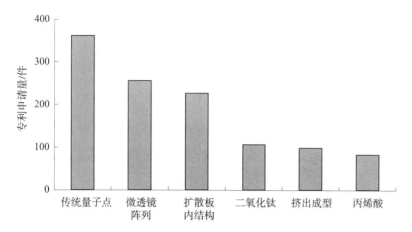

图 5 - 2 - 3 三星集团主要技术分支的专利申请量

微透镜阵列和扩散板内结构技术分支在申请数量上占有绝对优势。属于无机材料的二氧化钛以及属于有机材料的丙烯酸在三星集团的整体申请量上占有相对优势，这些技术分支属于三星的优势技术领域。而就隶属扩散板结构的其他微结构和隶属扩散板材料的钙钛矿量子点技术分支的申请数量均为个位数，是三星的弱项技术。

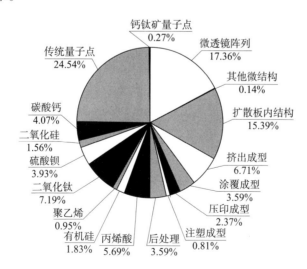

图 5 - 2 - 4 三星集团主要技术分支申请量的占比

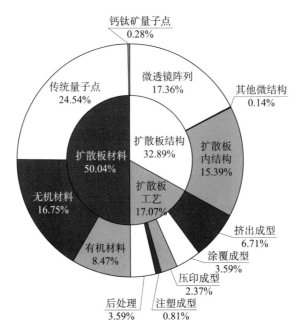

图 5 - 2 - 5 　三星集团扩散板技术三、四级主要技术分支申请量的占比

5.2.1.4　三星集团研发团队分析

本小节对三星集团研发团队中重要发明人 Choi Jin Sung、Jun Shin Ae、Jang Eun Joo 及 Kim Dong Hoon 进行分析。

1. 技术研发热点

表 5 - 2 - 1、图 5 - 2 - 6 展示了 Choi Jin Sung、Jun Shin Ae、Jang Eun Joo 及 Kim Dong Hoon 四位发明人专利数量对比情况，可以看出 Choi Jin Sung 和 Jun Shin Ae 在扩散板总体及各细分技术分支专利数量上均处于领先地位。四位发明人的研发重点均在扩散板领域，短板均在钙钛矿量子点技术，这也与三星集团在扩散板及钙钛矿量子点领域全球范围内的专利数量情况保持一致，仅有 Jang Eun Joo 在无机钙钛矿领域拥有 13 件专利，Choi Jin Sung 有 9 件，其余两位分别是 2 件和 0 件。

表 5 - 2 - 1　三星集团重要发明人专利数量对比　　　　　　　（单位：件）

发明人	技术分支					
	扩散板	扩散板结构	扩散板工艺	扩散板材料	有机无机钙钛矿	无机钙钛矿
Choi Jin Sung	157	123	41	40	1	9

续表

发明人	技术分支					
	扩散板	扩散板结构	扩散板工艺	扩散板材料	有机无机钙钛矿	无机钙钛矿
Jun Shin Ae	156	18	12	146	2	0
Jang Eun Joo	143	23	9	117	1	13
Kim Dong Hoon	127	73	28	49	1	2

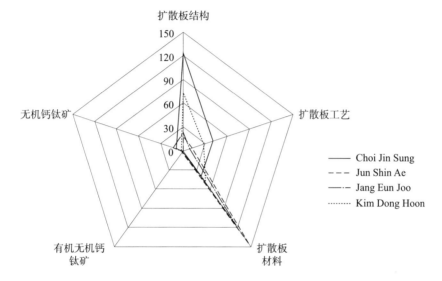

图 5 - 2 - 6 三星集团重要发明人各三级技术分支专利数量对比（单位：件）

2. 研发历程与专利申请年度趋势

图 5 - 2 - 7、图 5 - 2 - 8 分别展示了 Choi Jin Sung、Jun Shin Ae、Jang Eun Joo 及 Kim Dong Hoon 四位发明人专利申请年度分布情况以及研发年限，Choi Jin Sung 和 Kim Dong Hoon 在扩散板领域的研究较早，研发年限分别持续了 15 年和 16 年，Jun Shin Ae 和 Jang Eun Joo 涉足扩散板技术略晚。

Choi Jin Sung 从 2004 年开始在扩散板及钙钛矿量子点领域申请专利，其申请主要集中在 2004—2008 年，2005 年 Choi Jin Sung 专利申请量达到 46 件，为历年最高。从 2018 年开始，Choi Jin Sung 的专利申请量逐年降低，专利申请积极性有所减弱。Kim Dong Hoon 在扩散板及钙钛矿量子点领域的专利申请主要集中在 2004—2008 年以及 2013—2014 年两个时间段，在 2014 年后申请量陡降，并且 2018—2023 年中除 2022 年有 1 件申请外，其余年份申请量均为

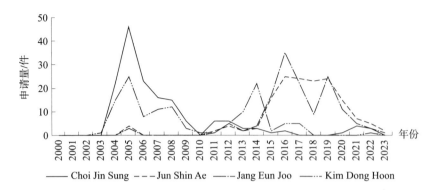

图 5 - 2 - 7   三星集团重要发明人专利申请年度分布

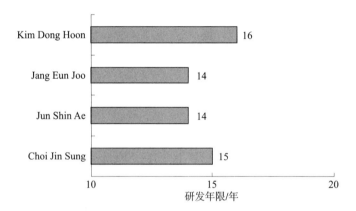

图 5 - 2 - 8   三星集团重要发明人研发年限

零。Jun Shin Ae 和 Jang Eun Joo 的研发主要集中在 2015—2020 年，从 2021 年开始申请量有所下降，直至 2023 年申请量均为个位数。

3. 专利运营

表 5 - 2 - 2 展示了 Choi Jin Sung、Jun Shin Ae、Jang Eun Joo 及 Kim Dong Hoon 四位发明人的专利申请量、有效专利数量、转让量、被引证次数超过 10 次的专利数量。

表 5 - 2 - 2   三星集团重要发明人专利运营情况　　　　　　　　（单位：件）

发明人	专利申请量	有效专利数量	转让量	被引证次数超 10 次
Choi Jin Sung	157	38	18	15
Jun Shin Ae	156	120	55	40
Jang Eun Joo	143	115	47	40
Kim Dong Hoon	127	53	24	24

从表中可以看出，Jun Shin Ae 和 Jang Eun Joo 的有效专利数量和被引次数超过 10 次的专利数量均为最高，说明其专利质量优秀，外界对其专利关注度较高。Jun Shin Ae 被引频次超过 40 次的几件专利分别是：US20170183565A1（量子点聚合物复合材料和包括其器件）、US20170052444A1（光敏组合物、其制备方法以及由其制备量子点聚合物复合物）、US20130148057A1（背光单元和包括该背光单元液晶显示器）、JP2006186317A（纳米晶体的多层结构和制造方法）。

Jang Eun Joo 被引频次超过 40 次的专利分别是：US201710179338A1（量子点和包括该量子点器件）、CN108102640A（量子点、包括其的组合物或复合物、和包括其的电子装置）、US20180151817A1（包括量子点的发光装置和显示装置）

Jun Shin Ae 和 Jang Eun Joo 的专利转让量也较多，分别为 55 件和 47 件，专利运营能力相对更好。而 Choi Jin Sung 和 Kim Dong Hoon 虽然专利申请量均在 100 件以上，但专利转让量分别只有 18 件和 24 件，专利运营能力相对较弱。

5.2.2 日本最古老的企业——住友公司

住友公司是日本最古老的企业集团之一，拥有四百多年历史。住友公司包括众多的国际下属企业，其中住友化工主要生产用于液晶及 OLED 等平板显示器的光学功能性薄膜、触摸传感面板及彩色光阻剂等产品，同时住友研发的量子点光阻剂（Quantum Dot Resist），与只有蓝光 LED 的单片整合 Micro LED 显示器结合使用，可望实现鲜明锐利的 RGB 影像。

本小节从住友公司专利申请总体趋势、申请区域分布、研发热点和研发团队等方面进行分析。

5.2.2.1 住友公司专利申请总体趋势

如图 5-2-9 所示，住友公司从 1992 年开始在扩散板及钙钛矿量子点领域申请专利，直至 2001 年申请量均为个位数，2002—2007 年申请量稳步提升，2009 年申请量陡增至 97 件，2010 年虽然申请量有所回落，但于 2012 年申请量达到历史最高峰 117 件，又于 2013 年下降至 44 件，此后，除 2018 年外剩余年份申请量均在 20~40 件徘徊，最终于 2023 年申请量回落至 5 件。

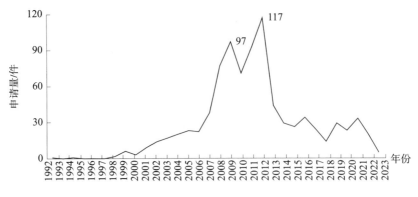

图 5 - 2 - 9　住友公司专利申请趋势

5.2.2.2　住友公司专利布局区域分布

住友公司在全球 13 个国家或组织申请过专利，分别是：中国 263 件、日本 239 件、韩国 78 件、美国 17 件、欧洲专利局（EPO）16 件、捷克 13 件、荷兰 13 件、斯洛伐克 12 件、波兰 4 件、德国 3 件、英国 2 件、澳大利亚及法国各 1 件。由图 5 - 2 - 10 可知，住友公司的专利申请主要分布在中国、日本、韩国，分别占总申请量的 39.73%、36.10%、11.78%，占比总和高达 87.61%，由此不难看出住友公司非常注重扩散板及钙钛矿量子点技术在亚洲市场的专利布局，尤其是在中国市场的专利布局量已超过其在本土的专利布局量。

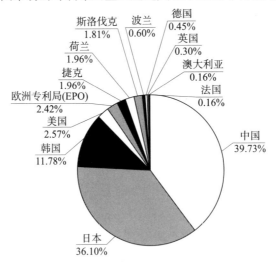

图 5 - 2 - 10　住友公司专利公开国别占比

5.2.2.3 住友公司研发热点分析

住友公司在显示领域扩散板技术的 17 个技术分支上均布局有专利。如图 5 – 2 – 11 所示，专利布局较多的技术分支分别是：挤出成型 308 件、扩散板内结构 156 件、后处理 110 件、压印成型 65 件、丙烯酸 65 件、涂覆成型 59 件。

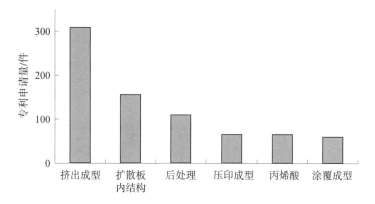

图 5 – 2 – 11 住友公司主要技术分支的专利申请量

结合图 5 – 2 – 12 和图 5 – 2 – 13 可以看出，住友公司在扩散板工艺领域的

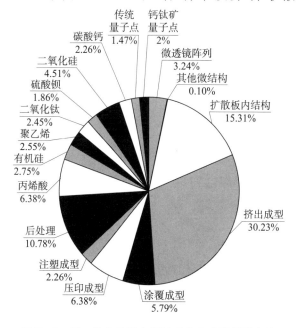

图 5 – 2 – 12 住友公司主要技术分支申请量的占比

专利申请量最多，占比超过申请总量的一半，在整体专利申请数量上占有绝对优势。扩散板材料和扩散板结构技术分支的专利申请量占比分别为25.91%和18.65%。属于扩散板工艺的挤出成型技术分支和属于扩散板结构的扩散板内结构技术分支，占比均超过了总申请量的15%，这些技术分支属于住友公司的优势技术领域。

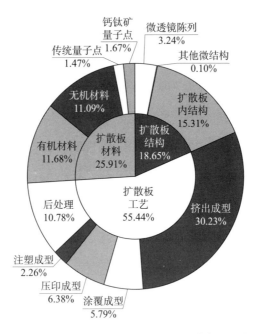

图5-2-13　住友公司扩散板技术三、四级主要技术分支申请量的占比

5.2.2.4　住友公司研发团队分析

本小节对住友公司研发团队中重要发明人 Kanemitsu Akiyoshi、Hamamatsu Toyohiro、Naito Shota 及 Maekawa Tomohiro 进行分析。

1. 技术研发热点

表5-2-3、图5-2-14展示了 Kanemitsu Akiyoshi、Hamamatsu Toyohiro、Naito Shota 及 Maekawa Tomohiro 四位发明人专利数量对比情况，可以看出 Kanemitsu Akiyoshi 在扩散板技术上以114件专利申请量排名第一，并且在扩散板结构上占有较大优势。申请数量排名第二的 Hamamatsu Toyohiro 的研究重点集中在扩散板结构和扩散板工艺上，两个技术分支的申请数量相当，分别为53件和60件。Maekawa Tomohiro 在扩散板领域的专利申请分布和 Hamamatsu

Toyohiro 相似，但是其总体申请量不到 Hamamatsu Toyohiro 的一半。以上三位发明人的研发重点均在扩散板领域，而在钙钛矿量子点的研究上处于空白。申请数量排名第三的 Naito Shota 是四位发明人中唯一专利布局重点涉及钙钛矿量子点技术和扩散板材料的发明人，并且在无机钙钛矿领域有 81 件申请，在该领域有绝对优势。

表 5 - 2 - 3   住友公司重要发明人专利数量对比   （单位：件）

发明人	技术分支					
	扩散板	扩散板结构	扩散板工艺	扩散板材料	有机无机钙钛矿	无机钙钛矿
Kanemitsu Akiyoshi	114	99	41	6	0	0
Hamamatsu Toyohiro	90	53	60	16	0	0
Naito Shota	87	0	0	29	13	81
Maekawa Tomohiro	44	24	40	5	0	0

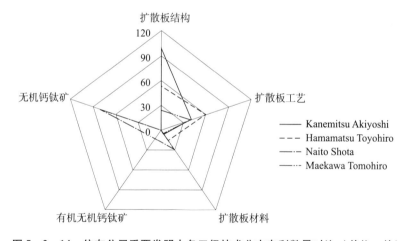

图 5 - 2 - 14   住友公司重要发明人各三级技术分支专利数量对比（单位：件）

2. 研发历程与专利申请年度趋势

图 5 - 2 - 15、图 5 - 2 - 16 分别展示了 Kanemitsu Akiyoshi、Hamamatsu Toyohiro、Naito Shota 及 Maekawa Tomohiro 四位发明人专利申请年度分布情况以及研发年限，Maekawa Tomohiro 在扩散板领域的研究最早，并且研发年限为 12 年，是研发持续时间最长的发明人；Hamamatsu Toyohiro 和 Kanemitsu Akiyoshi 涉足扩散板技术略晚，分别于 2004 年和 2006 年开始申请该领域专利，研发年

限分别为 10 年和 7 年。Naito Shota 是 2017 年的新进发明人，研发年限为 6 年，相对前述三位发明人研发年限较短。

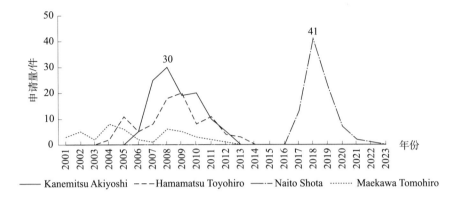

图 5 − 2 − 15　住友公司重要发明人专利申请年度分布

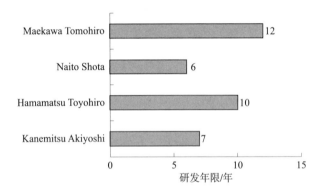

图 5 − 2 − 16　住友公司重要发明人研发年限

Kanemitsu Akiyoshi 从 2006 年开始在扩散板领域申请专利，其申请主要集中在 2007—2011 年，并于 2008 年达到个人申请量巅峰 30 件，此后申请量呈递减趋势。Hamamatsu Toyohiro 的专利申请主要集中在 2004—2013 年，并从 2014 年起没有再申请专利。Maekawa Tomohiro 从 2001 年开始申请专利，虽然是四位发明人中研发年限最长的发明人，但其每年的专利申请数量均在 10 件以下。Naito Shota 从 2017 年开始在钙钛矿量子点和扩散板材料领域申请专利，其申请主要集中在 2017—2019 年，三年的申请量占其申请总量的 88.51%，并且于 2018 年达到个人申请量的历史峰值 41 件，由此不难看出 2017—2019 年是 Naito Shota 的研发黄金期。

3. 专利运营

表 5－2－4 展示了 Kanemitsu Akiyoshi、Hamamatsu Toyohiro、Naito Shota 及 Maekawa Tomohiro 四位发明人的专利申请量、有效专利数量、转让量、被引证次数超过 10 次的专利数量。

表 5－2－4　住友公司重要发明人专利运营情况　（单位：件）

发明人	专利申请量	有效专利数量	转让量	被引证次数超 10 次
Kanemitsu Akiyoshi	114	5	14	8
Hamamatsu Toyohiro	90	1	8	5
Naito Shota	87	11	12	4
Maekawa Tomohiro	44	6	3	15

从表中可以看出，Naito Shota 的有效专利数量相对较高，而 Kanemitsu Akiyoshi 和 Hamamatsu Toyohiro 虽然专利申请数量较多，但有效专利数量非常少，仅为个位数，Maekawa Tomohiro 的有效专利数量虽然也仅有 6 件，但其被引证次数超过 10 次的专利数量为 15 件，远超其他三位发明人，不难看出其专利被关注度较高，说明其专利质量优秀。Naito Shota 是四位发明人中有效专利数量最多的一位，其有效专利数量为 11 件。

Kanemitsu Akiyoshi 和 Naito Shota 的专利转让量相对较多，分别为 14 件和 12 件，专利运营能力相对较好。而 Hamamatsu Toyohiro 和 Maekawa Tomohiro 的专利转让量分别只有 8 件和 3 件，专利运营能力相对较弱。

5.2.3　多元化跨国企业——美国 3M 公司

美国 3M 公司（全称：明尼苏达矿业及机器制造公司），成立于 1902 年，是世界著名的多元化跨国企业。3M 公司作为量子点薄膜的先行者，是量子点显示技术的领导者之一，其 2012 年与 Nanosys 合作研发了量子点薄膜（QDEF）技术，利用 QDEF 技术不仅可以将色域由 NTSC 比 70% 扩大到 100%，用液晶面板亮度与背照灯功率之比表示的发光效率也提高了约 50%，其采用了薄膜的封装形式，其产品已经得到市场的认可。

本小节从 3M 公司专利申请总体趋势、申请区域分布、研发热点和研发团队等方面进行分析。

5.2.3.1 3M 公司专利申请总体趋势

如图 5 – 2 – 17 所示，3M 公司在 1989 年开始研制扩散板，直至 1999 年申请量均不大，从 2000 年起申请量逐步递增并于 2002 年达到 35 件，之后两年申请量略有下降，经过 2006—2007 两年的申请量激增期后又到达了为期 8 年的瓶颈期，瓶颈期内年申请量保持在 60 件上下。2015—2018 年为其申请量的第二个上升期，并于 2018 年达到申请量顶峰 105 件，而后申请量呈陡降趋势，2023 年的申请量仅为 6 件。

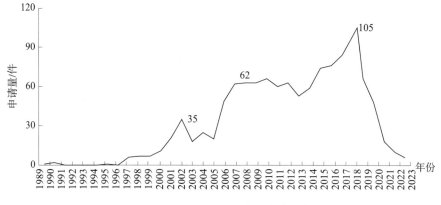

图 5 – 2 – 17　3M 公司专利申请趋势

5.2.3.2 3M 公司专利布局区域分布

3M 公司在全球 15 个国家或组织申请过专利，分别是：中国 298 件，美国 92 件，韩国 90 件，欧洲专利局（EPO）89 件，日本 54 件，德国 18 件，澳大利亚 12 件，加拿大和新加坡各 9 件，墨西哥 8 件，巴西 3 件，印尼、印度、越南各 2 件，法国 1 件。如图 5 – 2 – 18 所示，3M 公司非常重视在中国的专利申请布局，申请量占比高达 43.25%，是其在美国本土的专利申请数量的 3 倍之多。3M 公司在美国、韩国和欧洲专利局申请量相当，均占其总申请量的 13% 左右，在其他各国的申请量占比均不到 10%。由此不难看出，3M 公司非常注重扩散板技术的中国市场，其为抢占中国市场进行了大量专利布局。

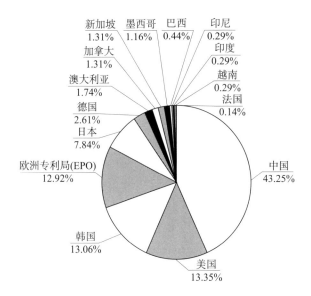

图 5 - 2 - 18　3M 公司专利公开国别占比

5.2.3.3　3M 公司研发热点分析

　　3M 公司在显示领域扩散板技术中除二氧化硅、碳酸钙及传统量子点三个技术分支外的其余技术分支上均有专利布局。如图 5 - 2 - 19 所示，专利布局较多的技术分支分别是：扩散板内结构 82 件、微透镜阵列 75 件、后处理 66 件、其他微结构 51 件、涂覆成型 43 件、传统量子点 41 件。

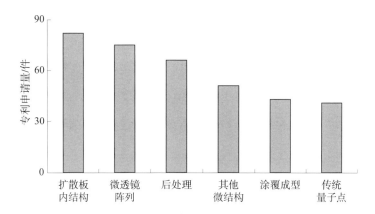

图 5 - 2 - 19　3M 公司主要技术分支的专利申请量

聚焦 3M 公司在扩散板领域的专利分布，结合图 5－2－20 和图 5－2－21
可以看出，其在三级技术分支扩散板工艺的专利申请量最多，占其申请总量的
58.94%，在整体专利申请数量上占有绝对优势，其在扩散板结构技术分支的
申请量占比达到了 31.51%，该技术领域也是 3M 公司的优势领域，而其在扩
散板材料技术分支的申请量占比仅为 9.55%，由此不难看出该领域并非 3M
公司专利布局的重点领域。3M 公司在属于扩散板工艺的挤出成型技术分支
的申请量上表现突出，占比（36.52%）超过扩散板工艺技术分支占总申请
量（58.94%）的 1/2，该领域是 3M 公司的绝对优势技术领域。而 3M 公司
在隶属扩散板工艺的注塑成型技术分支以及隶属扩散板材料的二氧化钛、硫
酸钡、丙烯酸、有机硅、聚乙烯技术分支的申请数量均为个位数，是 3M 公
司的研发薄弱领域。

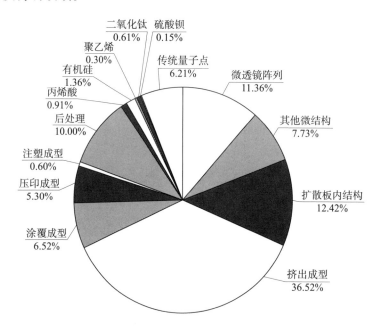

图 5－2－20　3M 公司主要技术分支申请量的占比

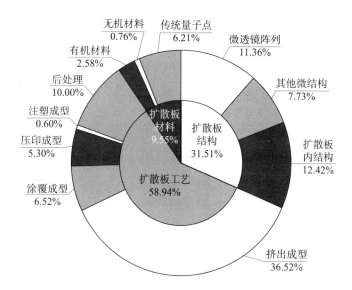

图 5 - 2 - 21　3M 公司扩散板技术三级、四级主要技术分支申请量的占比

5.2.3.4　3M 公司研发团队分析

本小节对 3M 公司研发团队中重要发明人 Epstein Kenneth A、Wheatley John A、Boyd Gary T 及 Hebrink Timothy J 进行分析。

1. 技术研发热点

表 5 - 2 - 5、图 5 - 2 - 22 展示了 Epstein Kenneth A、Wheatley John A、Boyd Gary T 及 Hebrink Timothy J 四位发明人专利数量对比情况，可以看出 Epstein Kenneth A 在扩散板总体及扩散板结构领域的专利数量均处于领先地位。专利数量排名第二和第三的发明人 Wheatley John A 和 Boyd Gary T，专利布局重点也均在扩散板结构技术分支，同时 Wheatley John A 相较其他两位发明人而言，在扩散板结构、工艺和材料三个技术分支的专利分布较为均衡。专利数量排名第四的 Hebrink Timothy J 和前三位发明人不同，专利申请的重心在于扩散板工艺，而在扩散板结构和扩散板材料上的专利数量非常少。

表 5 - 2 - 5　3M 公司重要发明人专利数量对比　　　　　　　　（单位：件）

发明人	技术分支			
	扩散板	扩散板结构	扩散板工艺	扩散板材料
Epstein Kenneth A	104	94	11	1

续表

发明人	技术分支			
	扩散板	扩散板结构	扩散板工艺	扩散板材料
Wheatley John A	96	62	48	12
Boyd Gary T	82	74	17	0
Hebrink Timothy J	70	6	63	8

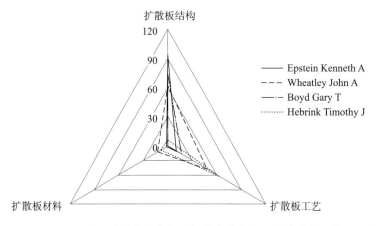

图 5 - 2 - 22　3M 公司重要发明人各三级技术分支专利数量对比（单位：件）

2. 研发历程与专利申请年度趋势

图 5 - 2 - 23、图 5 - 2 - 24 分别展示了 Epstein Kenneth A、Wheatley John A、Boyd Gary T 及 Hebrink Timothy J 四位发明人研发年限以及专利申请年度趋势，其中 Epstein Kenneth A 从 1996 年开始在扩散板领域申请专利，研发年限长达 20 年，是四位发明人中投入研究最早并且研发年限持续最长的一位发明人，Wheatley John A、Boyd Gary T 及 Hebrink Timothy J 虽然涉足扩散板技术略晚，但研发年限也均保持在 15 年及以上。

Epstein Kenneth A 虽然研发年限最长，专利数量最多，但其各年申请量均不高，在 0～12 件波动。Hebrink Timothy J 的年申请趋势与 Epstein Kenneth A 相似，一直保持在 0～10 件波动。Wheatley John A 除 2010 年、2011 年、2014 年和 2015 年外，其余年份专利申请量均保持在 0～10 件，2010 年达到申请量巅峰，为 19 件。Boyd Gary T 的年申请趋势与 Wheatley John A 类似，除 2014 年、2015 年和 2016 年外，其余年份专利申请量也均保持在 0～10 件，2013 年达到申请量巅峰，为 19 件。

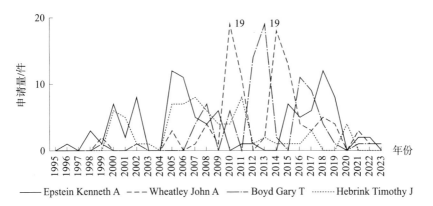

图 5 - 2 - 23　3M 公司重要发明人专利申请年度分布

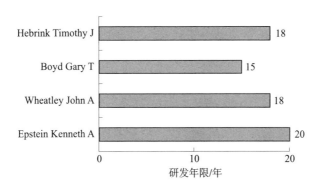

图 5 - 2 - 24　3M 公司重要发明人研发年限

3. 专利运营

表 5 - 2 - 6 展示了 Epstein Kenneth A、Wheatley John A、Boyd Gary T 及 Hebrink Timothy J 四位发明人的专利申请量、有效专利数量、转让量、被引证次数超过 10 次的专利数量。

表 5 - 2 - 6　3M 公司重要发明人专利运营情况　　　　（单位：件）

发明人	专利申请量	有效专利数量	转让量	被引证次数超 10 次
Epstein Kenneth A	104	18	9	20
Wheatley John A	96	31	10	19
Boyd Gary T	82	33	12	14
Hebrink Timothy J	70	14	5	11

从表中可以看出，Boyd Gary T 和 Wheatley John A 的有效专利数量较多，说明其专利质量优秀，Epstein Kenneth A 和 Wheatley John A 被引证超过 10 次的专利数量较多，说明外界对其专利关注度较高。Wheatley John A 被引证超 40 次的申请也较多，具体包括：US20140286044A1（具有分裂光扩散结构双面薄膜）、US20030035972A1（变色薄膜制品）、US20140286043A1（具有复合棱镜双面薄膜）、WO9936258A1（色移膜）、WO2011088161A1（具有微结构化低折射指数 nanovoided 层和光学膜的方法）、WO2010120971A1（光学结合相同的结构和显示系统）。

Epstein Kenneth A、Wheatley John A、Boyd Gary T 及 Hebrink Timothy J 四位发明人的专利转让量相较于他们的专利数量而言要逊色很多，比如 Epstein Kenneth A 虽然有 100 余件的专利申请但实际转让数量仅为 9 件，而 Boyd Gary T 虽然为专利转让量最高的发明人，但也仅有 12 件专利被转让，由此不难看出他们的专利运营能力较为薄弱。

5.2.4 全球创新型物联网公司——中国京东方集团

京东方集团是一家全球创新型物联网公司，同时也是全球半导体显示产品龙头企业。京东方集团也是量子点电致发光研究与开发领域的世界领先者，早在 2017 年，该公司展示了通过喷墨印刷制作的 5 英寸和 14 英寸 QLED 原型，它被视为未来批量生产 QLED 显示屏的理想制造方法，这些显示屏获得了 2017 年 SID 显示周最佳展示奖。2020 年京东方集团发布全球首款 55 英寸 4K 主动矩阵量子点发光二极管 AMQLED 显示屏，这是其发布高分辨率 QLED 技术后，京东方集团在电致发光量子点领域取得的又一重大进展。从量子点材料技术方案来看，目前量子点材料主要有 CdSe 量子点（硒化镉）、InP 量子点（磷化铟）、ABX_3 量子点（钙钛矿）、OQD（有机物）四种技术方案，京东方集团在前三种量子点产品上已有很好的应用，而 OQD（有机物）是京东方集团独有的高色域的技术，采用的是有机物发光材料，京东方集团将其定义为有机量子点，和其他三种量子点相比，其效率比较高，而且绝对不含镉，具有较佳的环保效果。同时，京东方集团正从材料、器件、图案化工艺三方面，改进无镉量子点材料、传输层和墨水，提升寿命与优化结构，着力推进 QLED 显示技术的量产。

本小节从京东方集团的专利申请总体趋势、申请区域分布、研发热点和研发团队等方面进行分析。

5.2.4.1 京东方集团专利申请总体趋势

如图 5 - 2 - 25 所示，京东方集团从 2007 年开始研制显示领域扩散板技术，相较前面三位发明人起步时间略晚，直至 2011 年申请量均为个位数，2012—2019 年中除 2017 年申请量略有回落，其余年份申请量均呈稳步攀升态势，2018—2020 年三年的年申请量均破百，并于 2019 年申请量达到历史最高峰 115 件，又于 2021 年下降至 79 件，此后的 2022 年、2023 年申请量均为 20 余件。

图 5 - 2 - 25　京东方集团专利申请趋势

5.2.4.2 京东方集团专利布局区域分布

京东方集团在全球 6 个国家或组织申请过专利，分别是：中国 523 件、美国 100 件、欧洲专利局（EPO）15 件、日本和印度各 5 件、韩国 4 件。由图5 - 2 - 26 可知，京东方集团的专利申请主要分布在中国本土，申请量占比高达 80.21%，此外京东方集团相对注重在美国的专利布局，申请量占比为 15.34%，而在其他三个亚洲国家日本、印度、韩国的申请量占比均不足 1%，由此不难看出京东方集团更注重本国的扩散板及钙钛矿量子点市场。

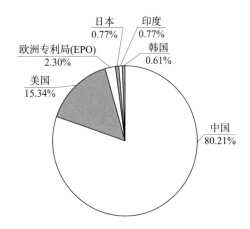

图 5 - 2 - 26　京东方集团专利公开国别占比

5.2.4.3　京东方集团研发热点分析

京东方集团在显示领域扩散板技术的 17 个技术分支上均布局有专利。如图 5 - 2 - 27 所示，专利布局较多的技术分支分别是：扩散板内结构 170 件、传统量子点 159 件、微透镜阵列 113 件、其他微结构 58 件。

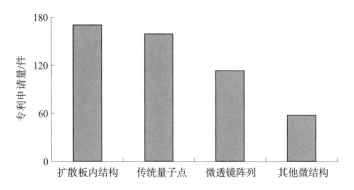

图 5 - 2 - 27　京东方集团主要技术分支的专利申请量

结合图 5 - 2 - 28 和图 5 - 2 - 29 可以看出，京东方集团在三级技术分支扩散板结构的专利申请量最多，基本占总申请量的一半，占比达到 50.22%，在整体专利申请数量上占有绝对优势。京东方集团在扩散板材料技术分支的专利申请量占比达到了 39.32%，超过总申请量的三分一，是京东方集团的另一专利重点布局领域，而在扩散板工艺技术分支的专利申请量相对较少，占比仅为 10.46%，是其非重点专利布局领域。

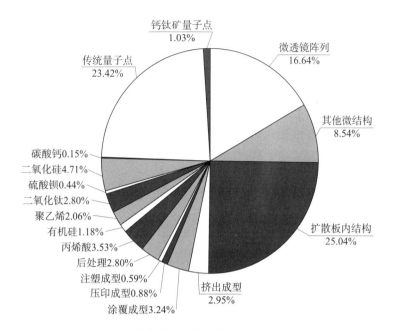

图 5 - 2 - 28　京东方集团主要技术分支申请量的占比

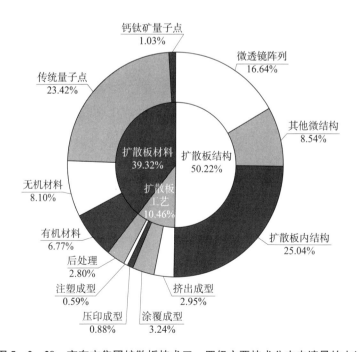

图 5 - 2 - 29　京东方集团扩散板技术三、四级主要技术分支申请量的占比

属于扩散板结构的扩散板内结构技术分支及属于扩散板材料的传统量子点技术分支，占比均超过了总申请量的20%，特别是扩散板内结构专利申请量占比更是达到了25.04%。此外，属于扩散板结构的微透镜阵列技术分支专利申请量也占总申请量的近20%，这些技术分支属于京东方集团的优势技术领域。隶属于扩散板工艺技术分支的注塑成型和压印成型，隶属于扩散板材料的有机硅、硫酸钡、碳酸钙和钙钛矿量子点技术分支的申请量仅为个位数，上述技术是其专利布局的薄弱所在。

5.2.4.4 京东方集团研发团队分析

本小节对京东方集团研发团队中重要发明人陈小川、董学、王维及高健进行分析。

1. 技术研发热点

表 5-2-7、图 5-2-30 展示了陈小川、董学、王维及高健四位发明人专利数量对比情况，可以看出除陈小川在无机钙钛矿领域有 2 件申请外，其余三位发明人在钙钛矿量子点技术上均无专利申请。四位发明人的研发重点均在扩散板结构和扩散板材料领域，并且陈小川以 56 件专利申请量排名第一，其在扩散板结构和扩散板材料领域的申请数量较为均衡，分别为 23 件和 26 件。排名第二的董学，其研究重点相对侧重于扩散板材料，在该领域有 29 件专利申请。排名第三的王维和陈小川类似，在扩散板结构和扩散板材料领域的申请数量较为均衡，只是数量相对较少，分别为 12 件和 19 件。排名第四的高健，其研究重点相对侧重于扩散板结构，有 23 件专利申请。

表 5-2-7　京东方集团重要发明人专利数量对比　　（单位：件）

发明人	技术分支				
	扩散板	扩散板结构	扩散板工艺	扩散板材料	无机钙钛矿
陈小川	56	23	1	26	2
董学	39	13	0	29	0
王维	30	12	0	19	0
高健	29	23	1	11	0

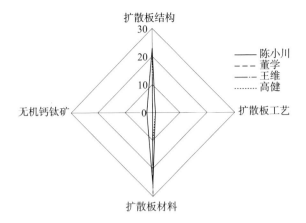

图5-2-30　京东方集团重要发明人各三级技术分支专利数量对比（单位：件）

2. 研发历程与专利申请年度趋势

图5-2-31、图5-2-32分别展示了陈小川、董学、王维及高健四位发明人的专利申请年度趋势以及研发年限。董学在扩散板领域的研究最早，研发年限为8年，是研发持续时间最长的发明人。陈小川、王维和高健均是在2016年开始在扩散板技术领域申请专利，陈小川和王维的研发年限均为6年，高健的研发年限为5年。

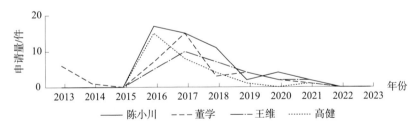

图5-2-31　京东方集团重要发明人专利申请年度分布

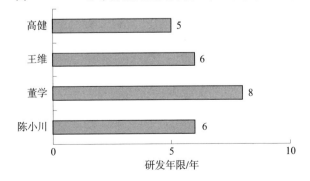

图5-2-32　京东方集团重要发明人研发年限

3. 专利运营

表 5-2-8 展示了陈小川、董学、王维及高健四位发明人的专利申请量、有效专利数量、转让量、被引证次数超过 10 次的专利数量。

表 5-2-8 京东方集团重要发明人专利运营情况 （单位：件）

发明人	专利申请量	有效专利数量	转让量	被引证次数超 10 次
陈小川	56	25	1	14
董学	39	17	0	11
王维	30	17	0	9
高健	29	11	0	7

可以看出，陈小川的有效专利数量和被引证次数超过 10 次的专利数量相对最高，说明其专利质量和专利被关注度较高，其中，其与董学合作发明的 CN106526942A（显示面板和显示装置）、与王维合作发明的 CN107238974A（一种背光源及液晶显示模组）被引证次数超 40 次。董学和王维有效专利数量均为 17 件，高健为 11 件，他们被引证次数超过 10 次的专利数量分别为 11 件、9 件和 7 件。

以上四位发明人中，除陈小川有一件专利转让，其他三位发明人均无转让专利，由此可见四位发明人虽然在扩散板领域有一定的专利申请量，但专利运营能力相对较弱。

5.2.5 钙钛矿量子点产业开拓者——致晶科技（北京）有限公司

致晶科技（北京）有限公司是一家源于北京理工大学的新材料高科技企业，拥有原创的钙钛矿量子点原位制备技术，提供了量子点集成应用的颠覆性材料和工艺，开发了商用钙钛矿量子点光学膜产品。2018 年与合作伙伴推出搭载钙钛矿量子点光学膜的 55 寸电视样机，在美国全球消费电子展（CES 2018）、全球显示技术展（SID 2018）展出，获得行业内的高度关注，2019 年产品进入工程应用阶段。至 2020 年，已接触显示行业客户 200 余家，并向国内外多家显示巨头提供样品进行产品适应性测试，产品性能获得客户广泛认可。

本小节从致晶科技专利申请总体趋势、布局区域分布、研发热点和研发团队等方面进行分析。

5.2.5.1　致晶科技专利申请总体趋势

如图 5 - 2 - 33 所示，致晶科技从 2019 年开始研制显示领域扩散板技术，是该领域的新进创新主体。致晶科技在 2019—2023 年间，除 2022 年专利申请量略有回落外，其他年份申请量均呈递增趋势。

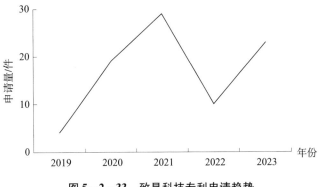

图 5 - 2 - 33　致晶科技专利申请趋势

5.2.5.2　致晶科技专利布局区域分布

致晶科技在全球两个国家或组织申请过专利，分别是：中国 91 件、日本 3 件。如图 5 - 2 - 34 所示，致晶科技的专利申请主要分布在中国本土，申请量占比高达 96.81%。由此不难看出，致晶科技更注重本国的显示领域扩散板市场。

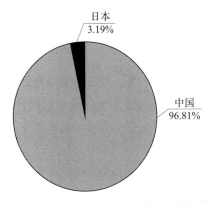

图 5 - 2 - 34　致晶科技专利公开国别占比

5.2.5.3 致晶科技研发热点分析

如图 5-2-35 所示，致晶科技在显示领域扩散板技术的专利布局主要集中在钙钛矿量子点技术上，在该技术分支的专利布局数量为 36 件。在挤出成型技术分支的专利布局数量为 2 件。微透镜阵列、涂覆成型、丙烯酸、有机硅、聚乙烯、硫酸钡和传统量子点等技术分支的专利布局数量均为 1 件。相较前四位专利技术创新主体，致晶科技在钙钛矿量子点领域的专利布局数量最多，是该领域的产业开拓者。

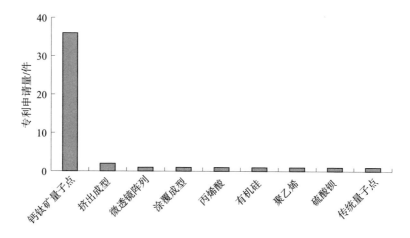

图 5-2-35　致晶科技主要技术分支的专利申请量

5.2.5.4 致晶科技研发团队分析

本小节聚焦钙钛矿量子点领域，对致晶科技研发团队中重要发明人钟海政、李飞、柏泽龙进行分析。

1. 专利申请年度趋势

图 5-2-36 分别展示了钟海政、李飞、柏泽龙三位发明人的专利申请年度趋势。其中，钟海政是钙钛矿量子点领域研究最早且申请专利数量最多的发明人。李飞和柏泽龙均是在 2020 年开始在钙钛矿量子点领域申请专利，是近年来致晶科技的新进发明人。

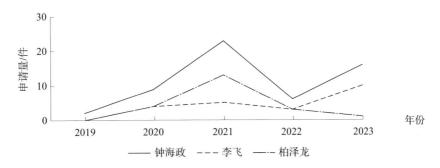

图 5-2-36 致晶科技重要发明人的专利申请年度趋势

2. 专利运营

表 5-2-9 展示了钟海政、李飞、柏泽龙三位发明人的专利申请量、有效专利数量、转让量、被引证次数超过 10 次的专利数量。

表 5-2-9 致晶科技重要发明人专利运营情况 （单位：件）

发明人	专利申请量	有效专利数量	转让量	被引证次数超 10 次
钟海政	62	34	3	16
柏泽龙	30	16	3	3
李飞	28	11	0	2

可以看出，钟海政作为致晶科技的创始人，其有效专利数量和被引证次数超过 10 次的专利数量在三人中都是最高的。值得注意的是，钟海政教授在北京理工大学任职期间申请的 2 件专利 CN104388089 （2014 年 11 月 4 日申请）和 CN104861958 （2015 年 5 月 14 日申请），目前已分别转让给致晶科技（北京）有限公司和深圳 TCL 新技术有限公司，这两件专利是钟海政教授发明的核心专利，其中 CN104388089 被引证次数高达 120，CN104861958 的被引证次数更是高达 148，这些被引证专利，除了国内申请人，还有众多国外企业，例如日本的住友化学株式会社、日本的 Avantama Ag、韩国的三星电子有限公司、美国的佛罗里达大学研究基金会等。

在专利转让、许可等方面，致晶科技与京东方集团类似，转让数量较少，这也主要源于钙钛矿量子点技术目前仍属于前沿技术，将前沿技术的核心专利掌握在手中是企业参与市场竞争的关键。

第6章　主要结论

6.1　扩散板产业全球及中国专利布局态势

（1）扩散板技术中国申请人专利申请数量在近 10 年呈现高速增长态势，国外申请人专利申请数量趋于下滑，创新主体逐渐由国外转向国内。

显示领域扩散板技术相关专利最早公开于 1970 年，经过 30 年缓慢发展后，2000 年专利申请量突破 100 项从而进入加速增长阶段，2008 年达到一个阶段性峰值 907 项。2008 年之前的近 40 年，该领域的专利申请人基本来源于国外，中国申请人在这一领域的技术起步较晚。

2008 年之后，国外申请人专利申请量快速下滑，至 2015 年降到 420 项，较 2008 年下降近一半，近 5 年扩散板技术的国外专利申请量呈现小幅下滑趋势。与此同时，中国申请人在扩散板领域虽然起步较晚，但从 2008 年开始申请量逐年增加，2015 年之后呈现爆发式增长的态势，尤其在 2020 年，中国申请人在扩散板领域的专利申请量占到全球申请总量（1766 项）的 78.60%。

近 10 年国内扩散板技术快速发展，专利申请量呈现爆发式增长，然受疫情以及经济大环境影响，近三年专利申请量略有下滑。

（2）扩散板结构相关专利申请量最多且增速最快，扩散板工艺专利申请量趋于稳定，量子点材料相关专利申请量近 5 年呈现指数式增长。

扩散板技术三个一级技术分支中，扩散板结构的专利申请量最多，其专利申请量在 2008 年达到高点后，经历了近 10 年的低谷后又呈现增长态势。扩散板结构三个二级技术分支中近几年专利申请量最为活跃的领域是扩散板内结构，微结构中以微透镜阵列技术为主且专利申请量趋于稳定。京东方科技集团股份有限公司是近几年该领域技术研发最为活跃的企业。

扩散板工艺技术近 10 年专利申请量基本维持在 400 项左右，技术创新改进相对稳定。各成型工艺中，挤出成型和涂覆成型工艺相关专利申请量呈上升趋势，后处理技术专利申请量在 2008 年之后波动下降。2019—2023 年，挤出成型工艺专利申请量排在前四位的企业分别是日本的 Kuraray 公司（30 项）、三菱公司（18 项）、南通创亿达新材料有限公司（16 项）、江苏浩宇电子科技有限公司（16 项）。

扩散板材料分支中，随着量子点技术的发展，尤其是量子点在显示方面的突出优势，量子点在扩散板材料上的研究和应用也在不断发展，2015 年之后传统量子点用作扩散粒子的相关专利申请量呈现指数式增长，其中三星集团的申请量最多。

（3）中国、日本、韩国既是扩散板技术的主要来源国又是市场布局的主要目标国，2015 年中国申请人专利申请量首超日本，成为近年来扩散板专利技术创新最活跃国家。

扩散板技术专利申请来源国排名前三位的分别是中国、日本、韩国，三国之中，日本发展最早，且专利数量长时间位于世界前列。中国的扩散板技术虽然发展较晚，但势头迅猛，2015 年（537 项）超过日本成为该领域专利申请量最多的国家，近 5 年专利申请量呈现爆发式增长。技术分布上，日本在扩散板制备工艺领域仍具有较大优势，中国在扩散板结构和扩散板材料领域的专利申请量已占据优势地位，尤其在用作扩散剂材料的钙钛矿量子点和传统量子点领域远远领先于其他国家。

中国是扩散板技术专利布局最大的新兴市场，中国专利数量占所有专利布局目标国/地区专利总量的 39.94%，其中约有七成的中国专利是由中国本土申请人申请的，"中国创造"的力量越来越凸显出来。日本和韩国在目标国中分别排在第二和第三，这两国本土申请人的专利申请占绝对优势，然而在美国目标市场，有近三成的专利申请来源于日本，已经很接近美国本土申请人的专利申请占比。

（4）中国专利域外同族布局虽然薄弱，但海外布局意识已形成。

中国是扩散板技术最大的专利来源国，表现出非常活跃的技术创新能力，然而中国申请人的 8238 项专利仅在国外布局了 606 件，域外同族布局指数仅有 0.074，远低于其他专利技术创新大国。不过，中国申请人已经意识到海外布局的重要性，在 13 个海外国家或地区进行了专利布局，公开国家数量基本与韩国持平。

（5）中国是中国、美国、日本、韩国和欧洲五国/地区中专利技术竞争最激烈的目标市场，日本、韩国成为中国扩散板市场最主要的技术输入国，钙钛矿量子点技术中国专利创新最活跃。

从中国、美国、日本、韩国和欧洲五国/地区专利布局动向来看，日本在域外布局的专利主要输向了中国（2792件），韩国的域外专利布局情况与日本基本相同，也是以中国作为其专利的主要输出国（1125件），美国和欧洲均以中国作为最大的海外目标市场，分别在中国布局了1009件和487件专利，中国成为五国/地区中技术竞争最激烈的市场。日本、韩国是中国扩散板市场最主要的技术输入国，近几年韩国对钙钛矿量子点技术领域的技术创新活跃度有上升趋势，需要引起国内企业的注意。

从中国、美国、日本、韩国和欧洲五国/地区公开专利技术构成来看，美国、日本、韩国和欧洲以扩散板技术为主，钙钛矿量子点技术相关专利数量非常少，而中国在钙钛矿量子点技术上已布局大量专利。中国钙钛矿量子点技术创新活跃度在2015—2020年呈现爆发式增长，然近5年趋于稳定，而国外申请人近5年的创新活跃度呈现上升态势，需要引起国内申请人注意，适时进行海外市场专利布局，为开拓国外市场赢得先机。

（6）近七成中国授权专利有效，该领域实用新型专利作用明显，中国专利转让和质押数量呈现逐年上升趋势，转让为最主要运营方式。

在扩散板技术的授权专利中，有效专利总量为6708件，占授权专利总量的70.94%，其中发明专利有效量为5031件，实用新型专利有效量为1677件。授权的发明专利中目前有26.91%的专利已经失效，这些失效专利基本是由于未继续缴纳年费而丧失专利权，仅有131件发明因保护期限届满而失效。实用新型授权专利中，目前有34.82%的专利已经失效，其中1.17%的实用新型专利为避免与相同申请的发明专利重复授权而丧失专利权，有167件实用新型专利因保护期限届满而失效，说明实用新型专利的保护作用得到了充分的利用。此外，还有1件实用新型专利由于侵权问题而放弃专利权，更加说明实用新型专利对于该领域相关产品具有较强的保护力度。

2005年之后中国专利转让量呈现上升态势，近九成转让专利来自企业，前10位转让人全部都是公司，且国外企业居多，如排前四位的三星电子株式会社（59件）、通用电气公司（30件）、皇家飞利浦有限公司（29件）、三菱化学株式会社（27件）。该领域中国专利质押数量虽然不多，但近年已呈现上升趋势，2019年成功质押14件专利，2020年达到17件。从总量上来看，转让量较许可量和质押量高出一个数量级，表明转让是该领域专利运营最主要的方式。

6.2　重要创新主体专利布局竞争态势

（1）近10年显示领域扩散板技术和钙钛矿量子点技术专利申请的申请人集中度逐年下降，扩散板技术申请人以企业为主，钙钛矿量子点技术也逐步产业化。

2000—2005年，扩散板领域全球专利的申请人较为集中，前5位申请人的专利申请量之和基本占当年专利申请总量的30%，前10位申请人基本占50%，前15位申请人占比均在60%以上，最高时达到75.98%，表明这一时期该领域的专利技术主要掌握在少数申请人手中，技术垄断性较高。2005—2007年，扩散板领域前5位、前10位和前15位申请人的专利申请量占比有所下滑，2008年起申请人集中度又快速反弹，且之后的七八年都维持在较高的水平，前5位、前10位和前15位申请人的专利申请量占比分别平均在33.9%、52.4%、64.4%，技术垄断性依然较高。2015年之后，随着中国扩散板技术的飞速发展，涌现出了大量中国申请人，使得前5位、前10位、前15位申请人的专利申请量占所在年份该领域专利申请总量的比例呈现下降趋势。2022年年底扩散板技术的专利集中度达到最低水平，前5位、前10位、前15位申请人的专利申请量占比分别为15.67%、22.37%、25.50%。一定程度上表明越来越多的新兴企业加入扩散板产业的技术竞争。钙钛矿量子点技术自2004年问世以来，迅速在国内引起研发热潮，专利集中度持续下降，专利技术竞争越发激烈，有利于技术创新发展。

从中国专利的申请人类型来看，扩散板技术的申请人以企业为主，且企业申请人占比高达88.15%，说明扩散板技术是典型的产业技术，而钙钛矿量子点技术的专利申请主体是高校，说明多数钙钛矿量子点的研究成果出自高校的实验室，产业应用相对较少，但是TCL集团、苏州兴烁纳米科技、京东方集团等企业在钙钛矿量子点领域的专利申请量也位列前10，说明钙钛矿量子点技术也逐步实现产业化。

（2）扩散板技术专利申请量前25位申请人中日本企业居多，韩国的三星集团和乐金集团以及中国的京东方集团和TCL集团已在量子点扩散板技术上布局大量专利。

扩散板技术全球专利申请量排名前五位的申请人分别是韩国的三星集团（829项）和乐金集团（619项），中国的京东方集团（501项）、鸿海科技集团（445项）和TCL科技集团（404项）。前25位申请人，日本企业有14家，比如住友、富士胶片、三菱、夏普、索尼、精工爱普生、松下、日立等公司。日本企业的域外同族布局指数大多都在1以上，通过海外专利布局开拓海外市场成为日本企业的通用做法。此外，日本的住友公司、三菱公司、夏普公司和索尼公司的公开国家数量均超过10个，表明其海外市场拓展广泛。美国虽然仅有两家企业（3M公司和陶氏杜邦公司）跻身前25，但其域外同族布局指数和公开国家数量均高于其他国家，其中3M公司的域外同族布局指数高达2.752，公开国家数量达到18个，充分体现了其跨国企业的特性和全球扩张的野心。

相比之下，中国虽然已经成为显示领域扩散板全球第一专利申请国，但跻身前列的企业数量并不多，且中国扩散板企业在海外专利布局的意识相对较弱。海外布局做得较好的京东方集团，其域外同族布局指数也仅有0.363，相比3M公司、三星集团等还有较大差距。专利申请还未成为中国企业拓展海外市场的有效抓手。

在新兴技术方面，三星集团已经申请了418项关于量子点用作扩散剂的专利，是传统量子点技术专利申请最多的企业，韩国的乐金集团以及中国的京东方和TCL集团在量子点扩散板技术上也布局了较多专利。此外，TCL集团还申请了76项关于钙钛矿量子点扩散剂的专利，专利数量超过苏州星烁纳米技术有限公司和致晶科技（北京）有限公司，并且TCL集团在有机无机杂化钙钛矿量子点以及全无机钙钛矿量子点两个技术分支上的专利数据也最多，分别是98项和191项，表明TCL集团已经在钙钛矿量子点技术领域上进行了大量研究，并开始了密集的专利布局，以抢占量子点材料市场。

（3）三星集团、乐金集团、3M公司、住友公司、三菱公司是中国企业扩散板市场主要竞争对手。

基于全球申请人在各技术分支上的专利布局情况，选定三星集团、乐金集团、3M 公司、住友公司、三菱公司、鸿海科技集团、京东方集团、TCL 集团、苏州星烁纳米、颖台科技和致晶科技作为重要专利技术创新主体进行了对比分析。其中三菱公司是最早公开扩散板相关专利的企业，在 20 世纪 80 年代末至 90 年代初开始研发扩散板技术。2000—2008 年，三星集团和鸿海科技集团的扩散板专利申请量大幅提升，三星集团在 2006 年达到峰值 142 件，鸿海科技集团在 2008 年达到峰值 169 件。2008 年之后，两家企业的专利申请量大幅缩水，尤其鸿海科技集团基本呈现持续下降趋势。三星集团在 2010—2015 年经历低谷后，申请量急剧上升，2016 年超过 170 件，2020 年又达到新的高峰 260 件，遥遥领先于其他企业。

三星集团、乐金集团、鸿海科技集团、京东方集团技术研发重点在于扩散板内部扩散层及基层结构以及表面的微透镜阵列结构。住友公司在扩散板结构、各种扩散板成型工艺和各种有机、无机以及量子点扩散剂材料技术上都有专利布局，其掌握了扩散板上、中、下游全产业链技术。三星集团、乐金集团、3M 公司、住友公司、三菱公司五家跨国集团已成为中国扩散板市场主要竞争对手，国内扩散板企业应对其专利布局进行密切关注。

（4）广东聚石、颖台科技、常州丰盛专利申请较少，调整产品结构、发展高附加值产品是台湾颖台科技提升市场竞争力的主要手段。

广东聚石、颖台科技、常州丰盛等扩散板龙头企业的专利布局量非常少，以颖台科技为例，其目前的有效专利仅有 100 多件，且基本是 2015 年以前申请的，颖台科技的研发重点仅在扩散板微结构，工艺和材料方面的专利较少，因而受国际经济环境以及原材料成本上浮等多重因素影响，其在 2015—2020 年一度经历收购、重组等困境，近 5 年的专利申请寥寥无几。

不过，颖台科技近年也在不断探索多元化应用及更高附加价值的产品发展，以既有的核心技术为基础，积极朝向 5G 手机产业、汽车及大众运输系统电子化显示器等领域发展，如：车用 LED 背光用导光板、车用 Mini LED 背光微结构扩散板、超薄笔记本电脑及桌上型显示器 Mini LED 微结构扩散板及复合材料导光板等。颖台科技 Mini LED 和车载应用等新产品提前在 7 月量产出货，其中 Mini LED 产品占比已达两位数，颖台科技将持续调整产品组合，加速电视、照明以外的产业布局，降低单一产业波动对公司所造成的冲击。

6.3　显示领域扩散板技术发展动向

（1）量子点扩散板、Mini LED 扩散板、微结构是扩散板结构发展重点，挤出工艺、喷墨打印工艺、涂覆工艺是目前量子点扩散板主流成型工艺，钙钛矿量子点和纳米扩散粒子是近期发展的主要方向。

显示用扩散板技术起源于 20 世纪六七十年代的欧洲，在八九十年代引入日本、韩国、美国，进入 21 世纪又拓展到中国台湾并在中国得到快速发展，经历了从普通照明向液晶显示背光领域转变过程中所带来的扩散板结构和工艺的缓慢发展阶段、日本企业主导的扩散板微结构技术的快速发展阶段、无机扩散粒子纳米化及有机扩散材料聚合化阶段、量子点扩散板技术飞速发展阶段四个发展历程。从目前专利技术发展趋势来看，未来量子点扩散板、Mini LED 扩散板、纳米级微结构将是结构发展的重点，挤出工艺、喷墨打印工艺、涂覆工艺是目前主流的量子点扩散板成型工艺，钙钛矿量子点和纳米级扩散粒子是材料技术发展的主要方向。

（2）扩散板技术在提升耐热性、阻燃性和机械强度方面有较大改进空间。

扩散板结构相关专利的技术效果主要集中于提高光线均匀度、提升光扩散性、提高亮度、提高光线利用率、降低厚度，对于延长扩散板使用寿命以及提高扩散板强度方面的技术改进相关专利较少。扩散板工艺相关专利的技术效果主要集中于降低制造工艺复杂性和制造成本、提高制造效率，对于提高扩散板强度和耐热性、节能环保以及降低扩散板厚度方面的技术改进相关专利较少。扩散板材料相关专利的技术效果主要集中于提高扩散粒子的均匀度以及提高光扩散性，量子点材料对于提高扩散板的亮度和色域有很好的效果，这主要由其优良的光学特性所决定，然而对于提高扩散板耐热性和阻燃性方面的技术改进较少。总体来看，扩散板技术在提升耐热性、阻燃性和机械强度方面有较大改进空间。

（3）作为前沿新材料，通过不断提升稳定性和绿色可持续发展，"钙钛矿量子点"必将成为显示领域的"黑马"。

从 2014 年钙钛矿量子点问世，由于其卓越的宽色域性能，使其快速应用于显示领域的光学膜片，并对其光学性能、稳定性能不断进行改进提升，与此同时通过图案化提升了制备速度，无铅无毒的钙钛矿量子点实现可持续发展，促成了显示领域钙钛矿量子点的产业化道路。随着钙钛矿量子点产业不断发展，"钙钛矿量子点"必将成为显示领域的"黑马"。

6.4 国内创新主体专利布局建议

基于目前扩散板技术和钙钛矿量子点技术国外及国内专利布局形势，为国内创新主体提供以下专利布局建议：

（1）强化在钙钛矿量子点领域的技术优势，加强高价值专利外围保护。

国内创新主体，例如致晶科技（北京）有限公司拥有全球最为先进的钙钛矿量子点制造工艺，通过专利成果转化带动企业快速发展，在国内、国际竞争中崭露头角，应进一步强化其在钙钛矿量子点领域的技术优势，对技术研发成果进行深度挖掘，对核心专利的改进技术进行持续专利布局，稳固技术优势。同时，围绕 CN104861958、CN106750427、CN107383402 等高价值专利进行外围专利布局，形成高质量专利组合保护，以强化现有专利的保护范围，形成针对竞争对手的技术壁垒。

（2）在钙钛矿量子点扩散板技术基础上，重点研究微结构、纳米扩散粒子、喷墨打印工艺等先进技术。

基于对扩散板技术发展路线的分析，未来量子点扩散板、Mini LED 扩散板、纳米级微结构将是扩散板结构发展的重点，挤出工艺、喷墨打印工艺、涂覆工艺是目前主流的量子点扩散板成型工艺，钙钛矿量子点和纳米级扩散粒子是材料技术发展的主要方向。国内科研人员可基于钙钛矿量子点技术，进一步开展 Mini LED 扩散板、微结构、喷墨打印工艺、纳米扩散粒子等方面的研究。

（3）在提升扩散板耐热性、阻燃性、机械强度以及钙钛矿量子点绿色可持续发展等方面开展研究及专利布局。

从扩散板各技术分支的技术功效布局来看，扩散板技术在提升耐热性、阻燃性、机械强度等方面的专利布局数量较少，尤其在钙钛矿量子点材料的无铅化技术领域研究较少。换言之，目前此方面的技术尚未得到更多企业的重视，成为专利布局的盲区，但这恰恰可以成为国内创新主体完成专利布局升级的突破口，具有较大的专利布局空间。

（4）加速钙钛矿量子点技术海外专利布局，尤其在美国、日本、韩国、欧洲等发达国家/地区。

美国、日本、韩国、欧洲等主要发达国家或地区在钙钛矿量子点技术上专利布局较少，然而近几年韩国对钙钛矿量子点的技术创新活跃度有上升趋势，需要引起国内企业的注意，同时建议国内创新主体抓住有利时机，加紧钙钛矿量子点合成工艺相关技术在美国、日本、韩国、欧洲等主要市场的专利布局，一方面增强自身市场竞争筹码，另一方面为开拓海外市场做好专利运营。

（5）深入研究专利被引证数据，挖掘潜在竞争对手和目标客户。

专利被引证一方面是发明人引文，可以体现出专利的被关注度，另一方面是审查员引文，用来作为对比文献评判其他专利的新颖性和创造性。因而，深入挖掘专利的被引证数据，不仅可以观察专利技术演进路线，定位专利之间的地位，还可以发现潜在竞争对手以及合作发展机遇。